聖ベネディクト礼拝堂（外観）
Kapelle Sogn Benedetg, Sumvitg, 1988

聖ベネディクト礼拝堂（内部）
Kapelle Sogn Benedetg, Sumvitg, 1988

ブレゲンツ美術館
Kunsthaus Bregenz, 1997

建築を考える

ペーター・ツムトア

訳　鈴木仁子

みすず書房

ARCHITEKTUR DENKEN

by

Peter Zumthor

建築を考える

物を見つめる

失われた建築をもとめて

建築のことを考えると、脳裡にいろいろな心象《イメージ》が浮かんでくる。多くは、私が建築家として受けた教育や仕事に結びついたものだ。そこには長年のうちに身につけた建築についての専門的な知識が含まれている。一方、幼年期に結びついている心象もある。思い出されるのは、建築についてあれこれと考えないまま建築を体験していた、生涯のそういう時期のことだ。私はいまでも、あるドアの把手、スプーンの背のように滑らかな丸みをおびた一片の金属の感触が、掌に残っているような気がする。

その把手を握ったのは、伯母の家の庭に入っていくときだった。いまでもあの把手は、私にとって異なった雰囲気や異なった匂いのする世界へ踏み入っていくときの特別なサインであるような気がする。足の裏できしる砂利の音が、階段のワックスのかかったオーク材のやわらかな艶が、記憶に甦ってくる。うしろで重たい錠が下りる音がし、私は薄暗い廊下を駆けていって、台所に入る。そこはその家でたったひとつ、ほんとうに明るい空間だった。

薄暗がりに没していなかったのは、あの部屋の天井だけだったような気がする。床の小さな六角形のタイルは暗赤色で、隙間なく敷きつめられ、踏み入ると硬い、ゆるがない感触を足裏に返してきた。台所戸棚からは、独特の油性塗料の匂いがただよってきた。

あの台所のぜんぶが、昔よくあった台所そのままだった。特別なものはなにもなかった。けれどもごく自然にただの台所だったからこそ、あの台所が、私の記憶のなかで台所というものの典型として、いまもありありとしているのだろうと思う。あの空間のたたずまいが、私にとって永遠に台所のイメージなのだ。

そこに立ったうえで、話をつづけたい、語りたいと思う。伯母の庭の門扉についていた把手のあとにつづいたすべての把手のことを、踏みしめたいろんな地面のことを、陽光に温められてやわらかくなったアスファルトや、秋、マロニエの落ち葉におおわれた石畳のことを、そしてひとつひとつまちまちのしかたで閉まったいろんな扉のことを。ぴたりと雅やかに閉まった扉もあれば、カチャンと安っぽい音をたてた扉もあり、硬く重々しく、人を怖じ気させるように閉まった扉もあった

……

この種の記憶は、私の憶えているなかでもっとも深いところに根ざす建築的経験を含んでいる。それらは建築における雰囲気やイメージの基層をなしている。建築家として、私が仕事のなかで探るのはこの基層である。

設計をするとき、気がつくと私はきまって、忘れかけていた古い記憶のなかにひたっている。そして自問する――本当のところ、あれの建築学的状況は、精確にはどういうものだったのだろう、当時の自分にとってどんな意味があったのだろう、すべてがふさわしい場所でふさわしい形を取っていて、いとも自然なかたちで事物《もの》が存在し、ために満ちたりていたように思われたあの豊かな場の空気をいま一度生成させるには、どうすればよいのだろう。特別な形をつきとめたいわけではない。けれどもその充溢や豊かさがたとえうっすらでも感じられれば、ああ、これは前に見たことがある、と思えるだろう。と同時に私は承知しているのだ、すべてが新しく別物になることを、そして、昔の建築をそのまま引用しても、記憶をはらんだ場所の情感の秘密が明らかになるわけではないことを。

素材から造られる

ヨーゼフ・ボイスやアルテ・ポーヴェラ派の何人かのアーティストの作品には啓発される。とりわけ感銘を受けるのは、彼らの芸術作品において、素材が的確かつ感覚的に用いられている点だ。その使用法は人類による素材の利用についての古来の知識に根ざしつつ、同時に、文化的に付与された意味を超えた、素材そのものの本質を顕現させているように思われる。

私も自分の仕事において、おなじようなしかたで素材を用いるよう努めている。素材は、具体的な建築のコンテクストのなかで詩的な特質をおびることができる、と思う。そのためには、建物そのもののなかに相応の形と意味のつながりができていなければならない。素材そのものが詩的であるわけではないからだ。

素材に付与される意味は、構成の法則を超えたところにある。素材の手触りとか匂いとか音響も、私たちが用いざるをえない言語の一要素にすぎない。意味が生じると言えるのは、建物において特定の建築素材が持つ特別の意義、その建物のなかだけで、そのように用いることでしか感じ取れない特別な意義を生み出せたときである。

この目標に向かって仕事をするなら、特定の素材がそれの置かれる建築的脈絡においてどんな意味を持ちうるかについて、たえず自問していく必要がある。この問いにすぐれた答えが出せるとすれば、それは素材の一般的利用法を刷新するのみならず、素材そのものの感覚的な特性、意味を生み出す特性をまったく新しい光のもとに見せてくれるだろう。成功すれば、素材は建築のなかで響き、輝くことができるのだ。

労力は物のなかに

ヨハン・ゼバスティアン・バッハの音楽でもっとも印象的なもののひとつは、その〈建築性〉であると言われる。構造は明晰かつ透明だ。旋律、和声、リズムなどの音楽的要素を個々に追うことができ、しかも全体としての構成の感覚が失われることがない。すべての細部が全体のなかで意味を持っている。明晰な構造が作品の根底にあるように思われ、音楽を織りなす糸を一本一本たどっていけば、その構造を統べている法則をおぼろげにつかむことができる。

構築《コンストラクション》とは、多くの細部からひとつの意味ある全体を形づくる術である。建造物は、具体的な物を組み合わせて造る《コンストルイーレン》という人間の能力を証し立てている。どのような課題を持った建築であれ、その根源的な核にあるのは構築の行為であると私は思う。具体的な素材が接合され打ち建てられる、そのときはじめて、頭で考えた建築が現実世界の一部になるのだ。

接合の技術に私は尊敬の念を抱く。建物を造る人たち、職人や技術者を尊敬する。彼らの技能のなかに宿っている、物作りについての人間の知に感動をおぼえるのだ。だからこそ、この知にふさわしい建物を設計しよう、またこの技能に挑むに値する建物を設計しようと力を注ぐ。

「手間がかかっていますね」〔〈ここにはたいへんな労力がこもっている〉が原意〕というよく使われる表現がある。みごとに仕上げられた作品を眺めて、それを作った人のこまやかな配慮や技量に触れたような気がしたときに出る言葉だ。首尾よくできあがった物のなかには労力がこめられている——それは、作品の価値について私たちが考えることのできる極限にあるイメージだ。私たちが注ぎこんだ労力は、ほんとうに物のなかにこもっているのだろうか？　音楽や文学や絵画とおなじように建築作品に胸を打たれるとき、私はそう信じたい気持ちに駆られる。

眠りの静けさのために

音楽が好きである。モーツァルトのピアノ・コンチェルトの緩やかな楽章、ジョン・コルトレーンのバラード、ある種の歌曲における人の歌声などに心を動かされる。旋律や和声やリズムを発明する人間の能力には驚くばかりだ。

けれども、音の世界には旋律や和声やリズムの対極にあるものもある。不協和音や壊れたリズム、音の断片や音の集合体《クラスター》。ノイズと呼ばれる純粋に機能的な音もある。現代音楽はこういった要素を用いている。

基本的には、私は現代建築も現代音楽とおなじようにラディカルな試みをするべきだと考えている。しかしそれには限界もあるのだ。建築作品を構成するものが不協和音や断片化、リズムの破壊、クラスター化、構造の破綻にもとづいている場合、その作品はたしかにあるメッセージを伝えることはできるかもしれない。しかしいったんそのメッセージを理解してしまえば、好奇心は消えてしまう。残るのは、その建物が実用に耐えうるかどうかという問いである。

建築には建築の存在領域がある。建築は人間の生ととりわけ身体的に結ばれている。思うに、建築はまずもってメッセージでもなければサインでもないのだ。そこで営まれる生を包む殼であり、背景である。床をすすむ歩みのリズムのため、仕事に集中するため、眠りの静けさのための、繊細な容器なのだ。

現実化したいから描く

できあがった建築物は、具体的な世界に場を占める。そこが存在の在処《ありか》であり、建物はそこでおのずと自分を語る。一方、いまだ建設されていない建築について描写することは、具体的な世界にまだ場はないけれども、しかしその世界のために考えられたなにかを表現しようという努力を特色とする。建築のドローイングは、その建物がその場で放つであろうアウラをできるかぎり精確にイメージ化しようとするのだ。しかしほかならぬその努力が明らかにするのは、現実における建物の不在であるかもしれない。そのとき、あらゆる描写は不十分なものに感じられ、約束された現実への好奇心が生まれ、そして——もしその約束されたものが私たちの心を動かすことができるなら——これを実在させたいという憧憬が生じることだろう。

建築のドローイングにおいて写実性と描画の完成度があまりに高くなり、想像の入りこむ〈余地〉、描かれた建物の実際の姿に対する好奇心の〈余地〉がなくなってしまうと、描写そのものが欲望の対象と化す。現実の建物を切望する気持ちが消えるのだ。その描写は、もはや本来のリアルなもの、描写の外部にあるものをまったく、ないしほとんど指示しない。それを造り出せるという期待を喚起することもない。あるのは自己言及のみである。

いまだ未来にある現実を指し示していくようなドローイングが、私の仕事では重要になる。したがってドローイングのさいには、非本質的なものによって逸らされない程度で、自分が求める基本的な雰囲気がつかめるような微妙なところで視覚的描写をとどめている。そのためには、求める建築の性質が、ドローイングそれ自体に宿っていなければならない。彫刻家が自分の作る彫刻を素描するときと同様に、そのドローイングはたんなる観念の写しなのではなく、建物の完成をもってはじめて終結する創造行為の一要素なのだ。

そうした種類のドローイングであるなら、私たちは一歩後ろに下がり、じっくりと眺め、まだ存在しないがすでに生成しはじめているなにかをつかめるようになる。

封印した物体の隙間

家は人工の構築物である。それは繫ぎ合わせる必要のある個々の部分から成っている。この繫ぎ方の質が、完成した建物の質を大きく左右する。

彫刻では、伝統的に全体のフォルムを優先させて、個々の部品の接合部や繫ぎ目の表現を控えめにしてきた。たとえばリチャード・セラの鋼鉄の作品は、石や木から作った、古くからの伝統にのっとった彫刻と同様の均質感と統一感がある。六〇年代や七〇年代の芸術家の多くは、インスタレーションやオブジェにおいて私たちにもなじみのあるきわめて単純で見やすい接合の方法を用いている。ボイスやマリオ・メルツなどは、空間をゆるやかに使って、素材を巻きつけたり、折り曲げたり、重ねたりして、部分から全体を作りあげた。

こうした芸術作品における直接的で一見無造作な接合の方法には啓発される。これらにおいては、作品の表現と関係のない小さなパーツによって全体の印象が妨げられることがない。全体の理解が、瑣末な細部のために誤った方向に導かれることがないのだ。どの接触、どの繫ぎ方、どの接合も全体の理念に奉仕し、作品の静かな存在感を強めている。

私も建物を設計するときには、同様の存在感を醸し出せるように努めている。とはいえ彫刻家とは異なり、私の場合は、建築作品が満たすべき機能的・技術的な課題から出発しなければならない。建築では機能も形も、素材も大きさも異なる無数のパーツからひとつの全体を造りあげることが求められる。物体の面と面が交わり、異なる素材が接し合うエッジや接ぎ目のような部分のために、有意味な構造と形態を見つけなければならない。建築物の大きなプロポーションのなかでの微妙な中間段階は、そのようなディテールの形態によって定まる。ディテールが形態のリズムを定め、建物の尺度を密にするのだ。

ディテールは、設計の基本理念がそこに求めているものを表現しなければならない。一体なのか分離なのか、緊張なのか軽快さなのか、摩擦、堅固さ、それとも脆さなのか……

成功したディテールは、装飾ではない。気を逸らせたり面白がらせたりするものではなく、全体の理解につながるものであり、その本質にとって不可欠の一部である。それ自身のなかで完結した造形には、きまって言いしれぬ魔術的な力が潜んでいる。まるで、よく発育した建築という身体の魔力に捉えられてしまったかのような感覚が起こるのだ。それからようやく視線がディテールにとまり、目が吸い寄せられる――床のこの二本の釘、すり減った敷居のわきの鋼板を留めているのはこれなのか。胸に湧きあがるものがある。なにかが私たちの心を打つ。

記号を超えて

「なんでもできる」、遣り手たちの世界ではそんな言葉が聞かれる。「メインストリートはほぼ問題ない」、と建築家のロバート・ヴェンチューリは言う。「もうなにも立ちゆかない」、現代社会の不毛に苦しむ人々はそう言う。これらの発言は、相反する事実とは言わぬまでも、相反する見解を表している。私たちはどうやら矛盾とともに生きることに慣れてしまったようだ。理由はいくつか挙げられるだろう——伝統が滅びつつある、統一的な文化的アイデンティティはもはや存在しない。経済と政治は巨大なダイナミズムのもとに発展を遂げ、その全体像を把握し制御することはもう誰にもできなくなっている。あらゆるものが混じりあい、マス・コミュニケーションは記号からなる人工的世界を作り出している。なにがどれであってもかまわないような世界だ。

ポストモダンの生活を描写するなら、以下のようになるだろうか——個人の伝記的データの範囲を超えるものは、一切が漠然とし、ぼんやり霞んでいて、なにかしら非現実的である。世界は事物を指す記号や情報であふれているが、その事物はまた別の事物の記号にすぎないため、結局すべてを把握できる人は誰もいない。真の事物は隠されたままである。その姿を見ることは誰にもかなわない。

にもかかわらず私は、たとえ危機に晒されていようとも、真の事物はある、と確信している。大地や水が、陽光や風景や植物がある。機械や道具や楽器など、人間が作り出した物がある。それらはありのままそこにあるのであって、人為的なメッセージを発することもなく、自明のものとして存在している。

自身のなかに安らっているような物や建物をじっと眺めていると、私たちの知覚もふしぎに穏やかに和らいでくる。それらはメッセージを押しつけてこない。そこにある、ただそれだけだ。私たちの知覚は鎮まり、先入観は解かれ、無欲になっていく。記号や象徴を超え、開かれ、無になる。なにかを見ているのに、そのものに意識は集中されないかのような状態。そうやって知覚が空っぽになったとき、見る者の心に浮かんでくるのは記憶——時間の深みからやってくる記憶かもしれない。そうしたとき、物を見るとは、世界の全体性を予感することにもなる。理解できないものはなにひとつないのだから。

変哲もない日常の、あたりまえの事物のなかに特別な力が宿る——エドワード・ホッパーの絵画はそう言っているように思える。それがわかるには、ただひたすらに眼を凝らさねばならない。

完結した風景

なにか神秘的なものを宿しているように思われる建物がある。一見、ただそこにあるだけの建物。ことさら注意を払う者もない。ところがその建物抜きには、その場所を想像することができないのだ。そのような建物はしっかりと地面に根を下ろしているように思える。ごく自然に周囲に溶けこんでいて、あたかもこう言っているようだ――「きみが見ているとおりが私だよ。私はここの一部なのだ」

こんなふうに、時の経過とともに自然なかたちで土地の姿と歴史と一体になっていく建物を設計すること、私の情熱をかき立てるのはそれである。

新しい建物を建てることは、特定の歴史的状況に介入していくことにほかならない。すでにそこに存在していたものと有意義な緊張関係を築くことができるような性質を、新しい建物に付与することができるかどうか、それが介入の質を決める。新しい建物がその場所に落ち着くためには、まずその建物が現れたことで、既知の風景が違ったかたちで見えてこなければならない。池に石を投げると、砂が巻きあがり、やがて沈んでいく。騒擾《そうじょう》は不可避だった。石は自分の場所に落ち着いた。が、その池はもう前とおなじ池ではない。

周囲に徐々に受け入れられていくような建物は、さまざまなかたちで人の理性や感性に訴えかける力がなければならないと私は考えている。ところで、私たちの感性や理解の根ざすところは過去にある。したがって建物によって私たちが作り出す意味のつながりは、想起のプロセスを尊重していなければならない。ただし、思い出されたものは、一本の線の終着点のようなものではない、と『見るということ』のなかでジョン・バージャーが述べている。「思い出す行為のなかにはさまざまな可能性が入りこみ、合流している。イメージ、雰囲気、形、言葉、記号、比較などが、そこに至る道を開いていく。歴史的、審美的、機能的、日常的、個人的、感情的といったさまざまな観点から同時に観察できるようになるには、作品を中心として、そのまわりに放射状システムが築かれていなければならない」

身体内部の緊張

建築家が描く図のなかで、私がもっとも好きなのは施工図だ。施工図は詳細にして実用本位である。考案した建築に物質的な姿を与える専門家に向けたものであり、想像に訴えかけるような表現や演出から解放されている。企画図のように人を説得したり、感心させたりする必要もない。施工図の特徴は、確実さであり、確信である。「まさにこのとおりになるのだよ」と施工図は言っているように思える。

施工図は解剖図と似た性格を持っている。それを見ると、身体、つまりは完成した建築がもはや容易には漏らさなくなる秘密と内部の緊張のいくばくかを窺い知ることができるからだ――接合の技、眼に見えない幾何学、素材相互のこすれ、支えたり担ったりする内部の諸力、そして物のなかに注がれた人間の労力を。

カッセルのドクメンタで、パー・カークビーが煉瓦を使って家の形をした彫刻を制作したことがある。その家には入り口がなかった。内部が、誰も入れない、隠されたものになっていたのである。それは謎として、ほかの要素とともにこの彫刻に深い神秘のアウラを与えていた。

建物の隠された要素や骨組みは、建物という身体が完成したとき、そこに内的な緊張や振動が生まれるように構成されるべきだと思う。バイオリンはそのようにして作られている。それは自然のなかの生きた身体を思い起こさせる。

予期せぬ真実

若かった頃は、詩というのは多少ともあれ漠然とした隠喩とか暗示とかから成る色のついた雲のようなもので、味わうことはできるかもしれないが、なにかしっかりした世界観と結びつくようなものではないと思っていた。建築家になって気づいたのは、若いときの詩の定義とは正反対のことがむしろ真実に近いのではないかということである。

建築作品が芸術性を持ちうるのは、多様な形態や内容が一体となって、心を動かすような根幹の雰囲気を生むことができるときである。そのような芸術は面白い形の組み合わせだとか、独創性だとかとはなんの関係もない。肝要なのは洞察、理解、そしてなによりも真実である。おそらく詩とは、予期せぬ真実のことなのだ。真実が現れるには静けさがいる。この静かな期待の時に形姿を与えることが、建築家の芸術的使命である。なぜなら、建物それ自体が詩的であることはないのだから。それらはある特別な瞬間に、私たちがこれまで理解できなかったなにかを理解させるような繊細な性質を宿すことができる、というにすぎない。

欲望

建築作品を明快かつ論理的に構成するには、合理的で客観的な基準に沿って設計する必要がある。即物的にすすむ設計のプロセスは、しばしば主観的で熟慮を経ていないアイディアによって乱されることがあるが、それを私がよしとするのは、設計において個人的な感情というものを大切にしているからである。

建築家が自作の建物について語るさい、その内容が、建物自体が語っているものとぴったりこないことがしばしばある。おそらくそれは、彼らが自作について考え抜いた側面については能弁であっても、作品に生命を吹きこんだ秘められた情熱については、ほとんど明かさないことと関係があるのだろう。

設計のプロセスは、理性と感性の絶えざる相互作用にもとづいている。感情や嗜好、憧れや欲望など、浮かびあがっては形を取ろうとするそれらのものは、批判的な理性によって吟味されなければならない。抽象的な思量が本当に正しいかは、感性が教えてくれる。設計するとは、大筋においては理解することであり、秩序立てることである。しかし、求めている建築の本当の核のところにあるものは、情動と直感から生まれてくる、と私は思う。ひらめきの稀有な瞬間は、辛抱づよく作品に向きあっているときにやってくる。脳裡に忽然として現れるイメージ、描画の上の一本の新しい線によって、設計中の建物が一瞬にして変貌し、新しい形を取る。魔訶不思議な麻薬がいきなり効き出したような感覚。造るべき作品についていましがたまで自分が知っていた一切が、明るい新しい光のもとに現れる。歓喜と情熱が湧きあがる。そして私のなかで、なにかが「この家を私は建てたい！」と言っているような気がするのだ。

空間に描く

幾何学は空間における線、平面、立体の法則性を教えてくれる。建築においてどのように空間とつきあえばいいか、その理解の手助けをしてくれる。建築においては、空間構成の基本的な方法はふたつある。ひとつは、内部の空間が外と絶縁している閉じた立体、もうひとつは、無限の連続空間につながる部分を含んだ開かれた立体だ。空間の広がりは、板や棒などの物体を空間に自由に配したり、並べて置いたりすることによって可視的になる。

空間とはいったいなんなのか、知っているなどと言うつもりはない。空間の本質について考えれば考えるほど、その謎は深まるばかりだ。ただひとつ確かだと思うのは、建築家として空間に取り組むさい、私たちが扱うのは、地球を囲む無限の空間のほんの一部だということである。しかしながらどんな建物も、この無限のなかのある場所を占めている。

そのようなイメージを頭に置きつつ、設計の最初の平面図や断面図を描く。空間のダイアグラムと、簡単な立体をスケッチする。そして考案した立体を、空間のなかに存在する物体として、脳裡にくっきりと精密に思い描いてみる。そのとき、その立体がどのように周囲の空間から区切られて内部空間を作っているのか、あるいは逆に開いた容器のごとく無限の空間の連続体をはらんでいるのか、それを感じ取ることが、私にとって大切になる。

感銘を与える建物は、かならず強烈な空間の感覚を伝えてくる。建物は空間と名のつくこの謎めいた空虚を特別なしかたで包み、振動させるのだ。

実践的理性

設計とはまったく新しいものを創造することである——工芸学校にいた頃、私たちはこの主義を実践しようとしたものだった。どんな問題にも新しい答えを見つけ出そうとした。前衛であることが重要だった。過去に適切な解答が見つかっていない建築の問題は、基本的にはごくわずかしかないと知ったのは、後年のことである。ふり返ってみるに、私の受けた設計教育はどうやら非歴史的なものであった。模範になったのは新建築《ノイエス・バウエン》の開拓者や創案者たち。私たちは、建築の歴史は自分の設計にはなんの影響もない、一般教養だと思っていた。そんなわけで、私たちはすでに創造されていたものを創造し、創造不可能なものを創造しようと躍起になっていたのだ。

こうしたたぐいの設計教育にもそれなりの教育的意味はある。しかし遅くとも建築家として実務に就く頃までには、建築の歴史に蓄えられた膨大な知識と経験を学んでおくほうがよいだろう。そうした知識や経験を仕事に生かせるのなら、自分なりの貢献ができる可能性はより大きくなると思うのだ。

といっても、設計は、建築史から出発して理屈を追っていけばそのまま新しい建物ができる、というような直線的なプロセスではない。脳裡に浮かんでいる建築を探っていくとき、私はたびたび息苦しい隘路にはまる。こういうふうにしたい、だがどうすべきか見えてこないものに対して、既知の知識がどうやらひとつも当てはまらないのだ。そうした状況に陥ったときは、いまやふいに足枷となった学問的な建築の知識からの解放を試みる。これは功を奏する。呼吸が楽になる。開拓者や創案者たちのなじみ深い息吹に触れる。そうして、設計がふたたび創造となるのである。

建築作品を生む創造の行為は、歴史的知識や技術的知識の域を超えるものである。中心をなすのは、時間への問いに向き合うことだ。建築は生まれる瞬間に、ある特殊なしかたで現在と結ばれる。造り手の精神を反映するとともに、利用のしかた、外観、ほかの建築との関係、立地との関わりなど、時間への問いに対して、それぞれに固有の答えを出すのだ。

建築家として私がこの問いに出せる答えは限られている。この変化と移行の時代にあって、大仰な身ぶりは許されない。私たちが土台として共有できる価値観はいまやごくわずかだ。それゆえに私は、いまも変わらずみんなが知っている、理解している、感じることのできるものから出発する、実践的理性にもとづいた建築を支持したい。既存の建築の世界を精確に観察し、大切だと思われるものを自分の建物に取り入れ、気がかりなものを正し、私たちに欠けているものをあらたに創出したいと思うのである。

メランコリックな想い

エットーレ・スコラの映画『ル・バル（ダンスホール）』はすべてがあるダンスホールのなかで展開する。私の記憶が正しければ、会話もなければ場面転換もなく、ひたすら音楽と、踊っている人間が出てくるだけである。終始おなじホールが映し出され、おなじ人々が入ってきて踊り、そのうちに時が過ぎていき、踊り手は歳を取っていく。

映画の中心をなすのは登場人物である。しかし寄木張りの床や壁の板張り、背後の階段や側面にあるライオンの足など、映画の濃厚な雰囲気を醸し出しているのはこのダンスホールにほかならない。いや逆に、人々がこの空間に独特の雰囲気をもたらしているのだろうか？

ここでこんな問いを発してみたのは、すぐれた建物は人間の生の痕跡を吸収し、それによって独特の豊かさをおびることができる、と確信しているからだ。

むろんそのさいに思い浮かぶのは、歳月とともに素材に醸し出される古色、表面についた無数の傷、剝げて艶を失ったニス、すり減った角などである。が、目を閉じて、そうした物理的な痕跡やまっ先に浮かぶ連想を消してみると、心にはそれ以外の印象、もっと深々とした感情が残される——流れ去る時間の意識、そして場所や空間で展開し、そこに独特の雰囲気をおびさせた人間の生に対する想いが。建築の美的価値とか実用的価値とかは二の次だ。様式的意味も歴史的意味も、この瞬間には重要ではない。いま大切なものは、私をとらえて離さないメランコリックなこの感情のみ。建築は人の生に晒されている。感じやすい身体をした建築は、過ぎ去った人生のありようを証す質を持ちうるのである。

残された足跡

設計のさいには、自分がいま求めている建築と結びつけられるような、記憶のなかの心象や雰囲気に導いてもらうことにしている。浮上する心象は多くが個人的な体験に由来するものだから、そこには必ずしも建築的なコメントの記憶が伴っているわけではない。設計のあいだ、私はそれらが意味するものを探り、どうすれば特定の視覚的な形や雰囲気を生み出せるかを、そこから学ぼうとする。

しばらくすると、設計中の対象が、モデルとして利用したものが持つなんらかの特質を想像のなかでおびるようになる。それらの特質を有意義に重ねたり組み合わせたりできれば、作品に豊かさと深みが生まれる。この効果を得るには、設計に組みこむ特質が、完成した建物の構造的・形態的構成に矛盾なく融合していなければならない。このとき形態と構造、外見と機能はもはや不可分である。それらは一体となって、ひとつの全体を造りあげる。

こうして、完成した建物を眺める段になる。分析的な理性につかさどられた私たちのまなざしは、横滑りして、ともすれば細部にとどまる。しかし統合された全体とは、細部の理解だけに尽きるものではない。すべてがすべてを照らし合っているのだ。

この瞬間、設計を初発に動かしていたものは背景に退く。全体を造るために必要だったモデルや言葉や比較は色薄れ、残された足跡のごとくになる。いま中心にあるのは、新しい、ひとつの自足した建物。建物の歴史が、いま始まる。

抵抗

建築はいまこそ本来の課題と可能性をじっくりと省みるときにきていると思う。建築は、その本質とは関わりないもののための乗り物でもなければ象徴でもない。本質的でないものが讃えられる社会にあって、建築はおのれの領域で抵抗することができる。形や意味の摩耗に抗して、おのれの言葉を語りうるはずである。

建築の言語とは、思うに、建築様式を云々することではない。どのような家も特定の目的、特定の場所、特定の社会のために建てられている。その単純な事実から導かれる問いに、能力の及ぶかぎり厳密に、批判的に、自分の建築で答えていくこと、私のしているのはその努力である。

美しさの硬い芯

二週間前、たまたまラジオから流れてきたアメリカの詩人、ウィリアム・カルロス・ウィリアムズの特集に聞き入ってしまった。番組タイトルは「美しさの硬い芯」。この言葉に私は耳をそばだてた。美しさに硬い芯があるという発想には好感が持てるし、建築のことを考えるなら、美しさと硬い芯の結びつきは、私にはなじみがある。「機械とは余計な部分がひとつもない物である」とウィリアムズは言ったという。即座に、なにが言いたいのかわかる、と思う。作家ペーター・ハントケが語っているのとおなじ考えだ。ハントケは、かいつまむとこういうことを言った。美しさは記号やメッセージに占められていない、自然な、自然に育った物のなかに宿る、と。また自分が不愉快になるのは、事物の意味を自分で見つけられないときだ、とも。

つづけて、ラジオからはこんなことが聞こえてくる——ウィリアムズの詩学は、観念は物のなかにのみ存在する、という見方にもとづいている、彼の芸術は、物の世界に知覚をかたむけて、それをわがものとすることを目指している。

ウィリアムズにあって、これは一見感情をまじえない簡潔なしかたで起こる、と解説者は語る。まさにそれゆえに、彼の詩行はかくも強い情感を醸すのだ、と。

その言葉に惹きつけられる。私は考える――建物で情感を喚起しようと思うな、情感は生じるにまかせよ、事柄そのものに即し、おのれが造るべき物の本質のそばにとどまれ。そして信じよ、場所と機能に対し充分に精緻に考えられてさえいれば、人為の補足などほどこさずとも、建物それ自体が力を持つのだ、と。

美しさの硬い芯――凝縮された実質《サブスタンス》。けれども、建築における力の場とはどこにあるのだろう、うわっ面や恣意性とは関わりのない実質をなす力の場は？

イタロ・カルヴィーノは『カルヴィーノの文学講義――新たな千年紀のための六つのメモ』において、イタリアの詩人ジャコモ・レオパルディについて言及している。レオパルディは、芸術作品の美――彼の場合それは文学の美ということになるが――は曖昧なもの、閉じられていないもの、不確定なものに宿る、なぜならば、そこでは形が多様な意味に向かって開かれるからだ、とした。

レオパルディの意見にはひとまず頷かされる。私たちの心を動かす事物や芸術作品は多層的であり、重なり合い、交わり合い、また観察の角度によってさまざまに変化する。多数、いやおそらく無限の意味の層を持っているのだろう。

しかし、では建築家として造るべき建物において、どうすればそうした深みや層の厚みを生み出すことができるだろうか？　曖昧さや未決定は設計できるのだろうか？　それはウィリアムズの考え方が示唆する厳密さへの要請と矛盾しはしないのか？

カルヴィーノは、曖昧さの重要性を説くレオパルディのテクストに即して、次のような驚くべき答えに至っている。曖昧さを愛したこの作家は、自分のテクストにおいては緻密にして忠実に、自分が描写する物、描写によって表現しようとする事物にこだわっている、と。そしてこう結論するのだ。「つまり、不確実と曖昧の美を堪能するためにレオパルディが私たちに要求するのはそれなのです！　彼は自分が目指す曖昧さに到達するために、あらゆるイメージの構成に、ディテールの細密な定義に、物や照明や雰囲気の選択に、おそろしく厳密で衒学的な注意を要請するのです」。そしてカルヴィーノは一見矛盾する詠嘆でこう締めくくる。「曖昧さの詩人は、緻密さの詩人でしかあり得ないのです！」

カルヴィーノの報告で私の興味を惹くのは、私たちがよく知っている、辛抱づよい細かい仕事や緻密さへの要請ではない。多層性も豊かさも、私たちが物を精確に認識し、正当に遇するときに、物そのものから語り出される、という指摘である。

建築にあてはめるなら、私にとってそれはこういうことだ——力や多層性は、与えられた建築課題から、つまりその課題を構成している（文字どおり、その課題の前提となる《ベディンゲン》）物《ディンゲ》から育ってくるものである。

ジョン・ケージはある講演で、自分は頭のなかに音楽が聞こえてきて、それを書きとめるようなタイプの作曲家ではない、といった意味の発言をしている。自分のやりかたは違う。まずコンセプトや構造をじっくり練っておき、しかるのちはじめて、それがどんな音になるのか演奏してみるのだ、と。

この発言を読んだとき私の脳裡に浮かんだのは、最近私のアトリエが取り組んだ、山あいの地に温泉施設を造るプロジェクトのことだった。あらかじめイメージを描いておいて、それを与えられた課題に即して変えていく、という方法を私たちはとらず、基本的な問いに答える努力からはじめたのである。立地、建物の役割、素材――山、岩、水――についての、当面は具体的イメージを伴わない問いだった。

場所や素材や役割に関する問いに徐々に答えられるようになってきたとき、私たち自身が驚くような構造と空間がじわじわと現れてきた。あらかじめ決められた様式にもとづいた形態をアレンジするよりもずっと奥の深い、根源的な力を秘めた構造や空間になったと思っている。

建築プロジェクトの背景をなす、山、岩、水といった具体的な事物が有する固有の性格に向き合っていくことは、自然界《エレメンツ》の根源的な、いわば〈文明に汚れていない〉本質を少しでもつかみ、表現し、物から出発して物に還るような建築を造ることにつながる。イメージや決まった様式による形態の先行は、そうしたアプローチを阻むだけだ。

私とおなじスイスの建築家、ヘルツォーク&ド・ムーロンは、今日では全きものとしての建築というものはもはや存在しない、したがってそのような建築はいわば設計者の頭のなか、思考の行為のなかで、人為的に造ることしかできない、といった意味のことを述べている。この仮定から出発して、ふたりの建築家は、思考形式としての建築という理論を導く。頭で考えた、つまり人為的な全体性を特殊なしかたで反映する建築、ということだろう。

思考形式としての建築という、この理論に私はここで踏みこむつもりはない。だがこの見方のもとになっている、かつて名匠が造ったような意味での建築の全体性が、現在ではもはや失われているという仮定については、少し掘り下げてみたい。

個人的には、私は建築がそれ自体で充たされているような、身体的な全体性を持つことはあると信じている。当然の与件というのではないにしても、私の仕事の、困難ではあっても絶対に欠かすことのできない目標としてである。

とはいえ、意味を付与してくれる神的なものが失われ、イメージや記号が氾濫し、ともすれば現実が解体しかねないこの時代に、どうすれば建築は全体性に到達することができるだろう?

ペーター・ハントケは、テクストや描写を、そこに出てくる環境の一部分にしようとする努力について語っている。私がハントケの考えを正しく理解できているとするならだが、ここで述べられているのは私にもなじみのある自覚、つまり人為的な行為によって創造される物からその人為性を取り去って、それを日常の、自然な事物の世界の一部にすることの困難さの自覚であるが、そればかりではない。あらためて、真実は物そのもののなかに宿っている、という信念なのだ。

思うに、作品の全体性を希求する芸術家の創造プロセスにおいては、自然や自然環境のなかで物が有しているような存在感を自分の作品に付与しようとする試みが、つねにおこなわれている。

その意味で、ハントケがおなじインタビューで、自分は〈場所の作家〉であるとして、みずからが書くものについて「そこではつけ加えのないこと、細部のひとつひとつの認識があること、それらをひとつの（…）実相へと結び合わせること」を求めている、と語っているのは、私にはよくわかる。

〈実相《ザッハフェアハルト》〉〔〈事物のふるまい〉とも訳せる〕という、ハントケがここで選んでいる言葉は、作為のない、全きものとしての物を創造するという目標に照らして、示唆にみちていると思う。精確な〈実相〉を描くこと、建築物の〈実相〉が〈事物のふるまい〉であると知ること、細部をしっかりと見極め、それらの事物を相互関係のなかで考えること。事物相互の関係《ザッハリッヘス・フェアヘルトニス》／実相のなかで。

ここに現れているのは、事物、そしてあるがままの物への還元である。ハントケはこの脈絡で、物に対する忠実さにも言及している。自分の描写は、余分な脚色や潤色としてではなく、描いている場所に対する忠実さとして味わえるものでありたい、と。

このような文章に接すると、昨今の建築を眼にするときにしばしばおそわれる不快感もなんとかしのぐことができる。なにか特別な形にしようと贅と意匠を凝らした建物にひんぱんに遭遇し、そのたびに私は気分が悪くなるのだ。こういうものを造った建築家はなるほどその場にはいないけれども、その建物のあらゆるディテールから顔を出して、ひっきりなしにしゃべりかけてくる。そしてこちらがたちまちうんざりしてしまうような、おなじことばかりをくり返す。すぐれた建築は人間を受け入れ、人間に体験をさせ、人間を住まわせるものであって、長広舌を押しつけるものではない。

どうしてなのだろう、としばしば思う。どうして、難しいけれどもあたりまえのことが、こんなに稀にしか試みられないのだろう？　素材、構造、支えるもの支えられるもの、大地と空といった、建築の基本をなす根本的なものへの信頼が、ほんとうの空間たりえている空間——空間を包む被いがあり、空間をつくる素材があり、そのうつろさ、その空っぽさ、光、空気、匂い、収容力、音響に対して配慮のある空間——への信頼が、昨今の建築にはどうしてこんなに見られないのだろう？

個人的にはつぎのようなことを好んで考える——建築のプロセスが終われば、建物をあとに残して設計者である自分は引っこむ、建物はそのありのままの姿で、私の個人的な修辞から独立し、物からなる世界のひとつの部分として、住むために使われていく、そのような家を設計し、建築したい、と。

建物には美しい沈黙がある、と思う。沈着、自明、持続、存在感、統一性といった概念、だがぬくもりや官能性ともつながっている沈黙だ。おのれ自身であり、ひとつの建物であって、なにかを表しているのではなく、なにかである、という建物。

たとえばこれが天然の効果、ブラック・レッズ、
ピンク・イエローズ、オレンジ・ホワイツ、ほかのなにかになるには
豊かすぎる、この部屋の陽光のなか

豊かすぎる、隠喩により変えられるには
ありありとしすぎている、事物はその実在ゆえに
いかなるイメージも　その影を薄くさせる

アメリカの〈静かな観照の詩人〉、ウォレス・スティーヴンズの詩「陽を浴びた薔薇の花束」の冒頭部だ。

詩集の紹介文によると、ウォレス・スティーヴンズは、長く、しぶとく、精確に見つめて、物を発見すること、完全に理解することをみずからに課した。彼の詩は抵抗でもなければ失われた秩序

への嘆きでも、また惑乱の表現でもなく、そうしたなかでなお可能な調和――彼の場合それは詩における調和でしかありえなかったが――を探るものだった。（カルヴィーノは、現在氾濫している形式の喪失への対抗策はただひとつ、文学という理念があるのみだと述べているが、これも言わんとすることはおなじである）

スティーヴンズにとっては、現実こそが探究の目的なのだ。シュルレアリスムはスティーヴンズを感心させなかった。シュルレアリスムがしているのは発見ではなく、発明であるから。「貝殻にアコーディオンを弾かせることは発明であって、発見ではない」。この箇所にも、私がウィリアムズとハントケにあると考え、さらにはエドワード・ホッパーの絵画からも感じるつぎのような基本的な考えが表れている――事物の現実と想像のはざまにのみ、芸術作品のスパークは起こるのだ。

いま引用したこの文章を建築的に翻訳して、こう言ってみる――建築が扱う事物の現実と想像のはざまにのみ、成功する建築のスパークは起こる、と。この文は私にとって啓示というよりは、自分が常日頃している経験を裏づけたものであり、また、私の心の奥底から発するとおぼしい願望を言葉にしたものでもある。

ではいま一度問うてみよう――ある場所に、ある目的のために建物を設計しようとするとき、私が想像力をかたむけなければならない現実はどこにあるのか？

この問いに答えるための鍵は、場所と目的という言葉にあると思う。

「建てる、住む、考える」と題した論考のなかで、マルティン・ハイデガーは「物のもとに滞在することは、人間存在の基本的な特徴である」と述べている。私たちはけっして抽象的な世界のなかに生きることはできない、そうではなくて、たとえ思考するときであれ、つねに物の世界のなかにいるのだ——ということだと私は理解している。ハイデガーはその先で、さらにこう述べる。「場所に対する人間の関わり、そして場所を介しての空間への関わりは、住むことのなかにある」

ハイデガーのように、住むという概念を、場所や空間のなかで生きること、考えることとして広くとらえてみたとき、この概念は、建築家としての私にとって現実とはなにかを的確に示してくれる。

私が興味をおぼえ、想像力をかたむけたいと思うのは、物から乖離した理論としての現実ではなく、この〈住むこと〉に向けられた具体的な建築課題としての現実なのだ。それは、石とか布とか鋼とか革とかいった、建築素材の現実であり、建物を建てるために用いる構造の現実である。私は意味と具象性を求め、想像力をもってその建物の性質のなかに入りこもうとする——人間を住まわせることのできる幸運な建物のスパークが、そこに生じることを想って。

建築の現実とは具体的なものであり、形や量塊や空間となったものであり、その身体である。物のなかにしか、観念は存在しないのだ。

物への情熱

私が大切にしているのは、建築についてじっくりと思いをめぐらせることである。日々の仕事から距離をとり、何歩か後ろにさがって、自分はなにをしているのか、なぜそうしているのかを見つめることである。そうすることが好きであるし、自分にはそれが必要だろうと思っている。というのも、私は理論から出発するようなタイプの、建築史を意識していわば理論でかためた立ち位置から設計するような建築家ではないからだ。そうではなくて私は、〈建築すること〉に、造ることに、完璧に仕上がった物に、取り憑かれた人間なのである。少年の頃、自分の描いたイメージを満足させるような物を自分で作っていたときからそうだった。そのような物は、自分でははっきりと説明がつかないけれども、これはこうであって、ほかではありえない、という物だった。自分が自分のために作った物、あるいはほかの人が作った物に対して、つねにそういう、きわめて個人的な感情があったのである。

この感情を特別なものだと思ったことはない。いつも感じていたからだ。いまわかるのだが、私は建築家としての仕事のなかで、かつてのその情熱――ほとんど強迫観念であるが――をずっと追い求めてきたのであり、その想いをもっと理解し、洗練させようとしてきたのだと思う。また、少年時代このかたの想いに新しいイメージや情熱がつけ加わってはいないだろうかと考えてみるに、新しい発見も、その核にある直感的な部分は、なんらかのかたちでもうとうに知っていたのだ、という気がしてならない。

場所

スイスのグラウビュンデン州に仕事場がある。山に囲まれた農村だ。この地に住まい、この地から作品を造り出している。おりにふれて、この事実が自分の仕事に影響を与えているだろうかと自問してみるが、そうかもしれないと思って、いやな気はしない。

もしこの二十五年間をグラウビュンデンではなく、私の青春時代の風景だったジュラ山脈の北麓の、ゆるやかに波打つ丘やブナの森に囲まれた、慣れ親しんだ都会のバーゼルのそばで過ごしていたら、私の建築はちがうものになっていただろうか？

これについて考えはじめると、自分の仕事がさまざまな場所の刻印を受けていることに気がつく。

設計をひきうけた建物が建つことになるどこかの場所に精神を集中し、その場所を探究し、その姿や歴史や感覚的な性質を把握しようとしていると、緻密な観察のプロセスのなかに、ほどなくほかの場所の心象《イメージ》が入りこんでくる。知っている場所、感銘を受けた場所のイメージであって、ありきたりの場所のこともあれば特別な場所のこともあるが、なんらかの雰囲気や性質を象徴的に表している場所として、その姿が私の心にとどまっていた場所のイメージである。造形美術や映画、文学、演劇の世界に由来する場所やそれらに描かれた建築的状況のイメージであることもある。

由来のいろいろに異なるそうしたイメージ、一見そぐわなかったり異質だったりすることも多々ある場所のイメージ、それらはふいにやってくる。あるいは私がむりやり自分で招き寄せる。必要なのだ。心のなかで類似のものや近似のもの、ないしは当面異質であるものを具体的な場所のなかに投影してみてはじめて、その立地の特質が、くっきりと焦点化された、多層的なイメージとして現れる。それらはさまざまな脈絡を明らかにし、力線の走りかたを認識させ、期待と緊張を生み出す。こうして設計の素地が生まれ、その場所へのさまざまなアプローチが網の目として見えるようになり、そしてそれが設計のさいの私の決断を可能にする。だから私は自分が設計する場所のなかに沈潜し、場所を探究し、同時に外部、私の知るほかの場所の世界にも目をやるのだ。

ある場所と結びついてなにか特別な存在感を放っている建物に出会ったとき、この建物には場所を超えていく内的な緊張感がある、という印象を受けることがよくある。建物がその場所の本質的な一部をなしているとともに、世界を証し立ててもいるのだ。世界から到来するものとその地域のものとが、建物において結び合っている。

既存のものや伝統からのみ発想した設計、建物の場所があらかじめ与えるものだけを反復する設計には、世界に対する取り組みが欠けているし、同時代のアウラが抜け落ちている、と私には思われる。一個の建築が、その場所を共振させることなくただ流行や理論のみを語っているとすれば、その建物は場所に根を下ろしていないのであり、その立地環境に固有な重みを欠いているのだと思う。

観察

1

私たちは製図机のまわりに立ち、ある建築家によるプロジェクトについて話している。私たちみんなが高く評価している建築家だ。私はそのプロジェクトをいろいろな観点から面白いと思い、議論の場でその特徴のいくつかを指摘する。それからこうつけ加える、しばらく前、この設計者を評価しているという肯定的な思いこみを排して、プロジェクトを眺めてみたところ、自分は全体としてはまったく気に入っていないことに気がついた、と。私がそんな印象を受けた理由を、私たちは論じあい、細かい点をいくつか見つけるが、しかし全体としての結論には行き着かない。そのとき、座に加わっていた若い建築家がこう言う——この建物は設計理論にしても、構造にしても、その他もろもろの観点からしても、面白いんです。ただ問題は、魂がないことです。

何週間かして、私は妻のアンナリーザと屋外でコーヒーを飲みながら、魂のある建築について話す。知っている建物を順々に検討していって、かわるがわる建物の描写をする。私たちが求めていた性質を持ち、なにか特別なものが記憶に甦ってくる建築にぶつかると、そのいくつかが好きな建物であることに私たちは気づく。そうたくさん思い浮かぶわけではない。求める範疇に建物が入るかどうかはいずれも一瞬でわかるが、規範となる共通の特徴を見つけるのは困難だ。一般化し、抽象化しようとすると個々の建物は輝きを失い、生きた力を殺がれてしまうらしい。

この問題が頭を去らないので、仕事に関わる個人的な経験を例として、少し断片的なアプローチをしてみようと思う。そのさい、建物の内容をつかもうとするときに私が用いている範疇の枠のなかで考えるようにしてみたい。

2

小さな山のホテルのおもだった部屋は、横長の建物の長辺の側に、谷を臨んで並んでいる。一階には隣り合ってふたつ、板壁のラウンジ。いずれも廊下から入ることができ、中がドアでつながっている。小さい部屋のほうはゆったり坐って読書でもしたくなる雰囲気、大きいほうはあきらかに食事室で、テーブルが五つ、整然と置かれている。二階の客室には、上の張り出しが深い蔭をなす木のバルコニー。最上階である三階の客室にも、屋根のないバルコニーがついている。

はじめてこのホテルに近づいていったとき、広い空と、地平線に連なる山並みが一望のもとにできる最上階の部屋がよさそうだと思った。だが二階の一部屋を借りれば、夕方に読書や書きものをしながら、あずまや風のバルコニーがつくる居心地のよい空間を愉しむこともできると思うと、そちらにも心を惹かれた。

上の階から玄関への階段を下りきったところ、食事室の外の壁に、開口部がもうけられている。料理を出し入れする配膳口だ。昼下がり、この配膳口のかまちに、宿泊客のためのフルーツケーキと白い皿が置かれている。私たちは階段を下りてきて、焼きたてのケーキの匂いに不意打ちされる。向かいの部屋の扉がはんぶん開いている。キッチンのざわめきが漏れてくる。

一日か二日すると、もう勝手知ったるものだ。広い草原に面した側に、寝椅子が積んである。遠方に目をやると、森のはずれの日蔭で、そんな寝椅子に寝そべって女性が読書をしている。私たちも椅子を二脚持って、場所を探す。昼間はたいていラウンジの前の細長いベランダで、木製の折りたたみテーブルについてコーヒーを飲む。ベランダの手すりの内側に規則的な間隔で取り付けられた、細長い木の天板でできたテーブルだ。読書には最適である。手すりに沿って付けられたテーブルがつくる、いくつもの小さな場所。広い手すりの縁に、肘がぐあいよく置ける。天板の高さもちょうどいい。

日暮れてからホテルのほかの逗留客とおしゃべりをするときは、たいていベランダにある大きいほうのテーブルにつく。こちらは建物の壁につけて並べられていて、二階の張り出し部分が屋根になっている。夕食がすむとベランダにつづくフランス窓が開けられるので、客たちは足をほぐしに移動し、谷を眺め、飲み物を片手に話をはじめる。壁ぎわの席に腰を下ろすと、昼間のぬくもりがまだ壁石に残っている。ベランダの下手の隅に大きなコーナーテーブルがあるが、そこについたのは滞在中一度だけだった。このテーブルはホテルの玄関口にあって、昼間は従業員とおぼしい人たちがいろいろな使いかたをしている。私たちがこのテーブルについたのは、食事のあとで誘われたからであった。ベランダの上手にある朝日の当たるテーブルのほうは、一度も行かなかった。天気のいい朝にはたいてい誰かが席について、なにか読んでいた。

それぞれの場所、一日の流れ、私自身の行動や心身の状態にぴったりあった空間的状況をさりげなく、ごく自然に提供してくれる建物。空間を与え、そこに住まわせてくれ、人が必要とすることを察知して、大げさぶらずにかなえてくれる建築——そういう建物を考えようとすると、きまってこの山のホテルが浮かぶ。亡くなって久しいある画家が、自分と自分の客のために建てたものである。

3

外からひとめ見て、観光地のメインストリートにあるほかの店よりもよさそうな気がした。私たちの期待は裏切られなかった。玄関の狭い風よけ用の空間――入ってみてわかったのだが、板壁で小屋風に仕立てられていた――を抜けると、ひろびろとした空間に踏み入った。広間といった感じで、天井が高く、四方の壁も天井も暗く鈍い光を放つ木材で覆われている――規則的に並んだ壁の羽目板、飾り縁、壁の下を走る幅木、渦巻き装飾のついた腕木に載せられた刻み目入りの梁。

室内の雰囲気は暗い。眼が慣れないうちは陰鬱さすら感じる。だがその陰鬱な印象はじき消えて、光がやわらかく感じられるようになる。高所にリズミカルに並んだ窓から陽光が射し入って、空間の一部を浮かびあがらせている。壁板に反射する光が照らす部分をのぞけば、あとは薄暗がりに沈んでいる。

入ってすぐ、この広間の要《かなめ》が、正面の大きな壁のなかほどにあることに気づいた。壁が丸く外に張り出して、空間に半円形の拡張部分《ニッチ》ができている。ニッチの丸みにそって窓辺にテーブルが五台、ちょうどいいぐあいに並ぶ広さ。天井の高さはおなじだが、床は段差があって、ほかの床よりこころもち高い。坐るならあそこだ、と迷わず思う。二席か三席が空いていて、残りはふさがっている。そこに坐っている人たちはまちがいなくふつうの客だが、なんとなく、特権的な人たちであるように見える。

躊躇のすえ、私たちはほとんど客のいない広間のテーブルのほうに決める。だがすぐ席には着かず、給仕をさがしてうろうろする。しばらくして板壁についたドアから若い娘が出てきて、私たちをさっさとニッチのテーブルに案内する。腰を掛ける。先客がいる場に私たちが割りこんで起こったかすかな苛立ちはすぐにおさまる。私たちはまず煙草を一服し、ついでワインを頼む。

隣の席では女性がふたり、さかんにおしゃべりをしている。ひとりはアメリカ英語、もうひとりはスイスドイツ語だ。どちらも相手の言語をひと言も口にしない。その先のテーブルについているグループの声は、耳にほどよい遠さ。私はときおりまわりを見回して、だんだんと場の雰囲気にひたっていく。光を浴びて坐り、さっきより高くなったような気がする窓をそばにし、広間のだだっ広い暗がりを眺める、いずれもが心地よい。人々は会話や食事に没頭しつつ、ここにいることを愉しんでいるように思える。自然にふるまっていて、ほかに客がいることを煩わしく思うようでもなく、だがさりげない気遣いはちゃんとしていて、それが態度にそこはかとない気品を醸している。私のまなざしはときおり彼らの顔をとらえ、私は私で自分のことをしながら、そばに人々がいることが嫌でないことに気づく。この空間のなかで、みんなが充たされた顔をしている。

4

カリフォルニアの海岸道路を走らせ、ようやくその学校を見つける。建築のガイドブックには載っているものの、とくに強調してあるわけでもない建物だ。太平洋をはるかに見下ろす広い高台に、一群のパビリオン状の建物がひろがっている。樹々はほとんどなく、芝生から石灰質の岩がのぞき、近隣には人家もまばらだ。建物相互を結んでいるのはアスファルト舗装の小径で、この小径には、コンクリートの板をスチール支柱の上に載せた屋根がついている。建物はおおむね平屋建てだが、天井は高く、平屋根がところどころ外に大きく張り出している。私たちは屋外の通路を歩いてまわる。内部に教室があるらしいパビリオンと通路は規則的に配置されているが、ときおりそれが特別棟――すぐ見て用途が知れるようなものではなく、想像するしかないが――によってふいに破られる。人影はない。休暇《ヴァカンス》の季節なのだ。窓の位置が高く、教室をのぞきこむのは難しい。金属製の大きな門扉がわずかに開いているところがあり、その向こうに見える小さい庭は教室に付属しているようだ。ここから机や黒板のある教室をのぞきこむことができた。飾り気のない設備。壁や床はかなり使いこんだふしがある。高窓から陽光が射し入っていて、部屋にやわらいだ集中できる雰囲気を醸している。

日射をふせぎ、風をふせぎ、光と有意義につきあっている、と私は考える。だがまだこの建築の特色をすべて把握しているわけではないことも承知だ——たとえば工業用のコンクリートプレハブを想起させる簡素な構造、ゆったりした空間、それとヨーロッパの学校でおなじみの、いかにも教育の場然とした装いがここにはないこと。

訪れたかいがあった。私はもう一度肝に銘じる——仕事においては、まずシンプルで実用的な物から思考をはじめること、そしてそれを大きく、良く、美しくすること、特殊な形にいたるにはあくまでも物を出発点とすること。職人技のなんたるかを知っている匠のごとくに。

5

十八歳、家具職人の徒弟時代もそろそろ終わろうとしていたこの歳に、私ははじめて自分でデザインした家具を作った。その工房で通例作っていたのは親方か依頼主が指定した形や構造の家具だったが、私の気に染むものはなかった。良質の家具にはすべてクルミ材が使われていたが、これも好きでなかった。自分の家具に、私は明るい色のトネリコ材を選んだ。そして個々の部分がどこから見ても見映えがよいようにした。前面にも背面にもおなじ材を用い、同様に手間をかけた。家具の背面はどうせ誰も見ないのだから安く手をかけずに作るという、家具職人の慣行は無視した。直されることもなく、最後にエッジをほんのわずかにやすりがけするところまできた。組み立てた木材の縁に軽く、すばやく紙やすりをあてる。繊細な線の優美さを保ったまま、気になるささくれの鋭さを削いでいく。立体の三つのエッジが突き合う角にはほとんど手を触れない。小さな戸棚の扉は隙間を最小にして枠に嵌めこんだので、吸いつくようにやわらかく、あるかないかの空気音をたててぴしんと閉まる。

あの仕事をしたときは気持ちがよかった。精密な形とぴしりとした接ぎ目を作ることで、心身に集中がもたらされた。そして完成した新しい家具は、私の身辺になにかしら凜としたものをつけ加えたのだった。

6

イメージはこうである――玄武岩の細長い石塊がひとつ、地面からゆうに三階分の高さにそびえ立っている。そのブロックは四方からくり抜かれた結果、中央に垂直に一枚、水平に三枚、そしてそれらの間にところどころ、板状の骨格だけを残している。はじめに想像したブロック塊が、いま断面図でみると一本の木、ないし二本の横線のついたTの字だけになっているぐあいだ。旧市街のはずれに位置する石の建物であり、黒々と、いやほぼ真っ黒で、鈍い光を放っている――これが三階建ての建物の骨組みであり、空間構造だ。黒く着色したコンクリートを打設。接ぎ目がなく、石材用の塗料が塗られていて、触るとパラフィンのような感触がある。ドアほどの大きさの開口部が骨格に穿たれる。石に穿った穴であって、石の量塊《マッス》がありありとわかる。

この石の彫刻に私たちは心血を注ぐ。これだけで建物のすべてといってもいいほどだからだ。流しこみをする型枠パネルの継ぎ目がつくる模様が、表面全体に規則的に掛かった細かい網目模様になるようにデザインする。そしてコンクリートの打ち継ぎ目地が、全体の網目のなかにまぎれるように工夫する。開口部の壁の見込み〔厚み部分〕の中央から薄い鉄枠が刀身のように飛び出し、それがドアの端部を支えている。床スラブのコンソールのあいだには軽量のガラスと金属パネルを外から嵌めこみ、建物の骨格に囲まれた空間が、ガラス張りのベランダのごとき空間になるようにする。

この設計の依頼主はこういう意見だった――私たちが使用する材料、建物の部位から部位への接続や移行部分の処理、ディテールへのこだわりは手がこみすぎている。もっとふつうのパーツや構造を用いてほしいし、建設に関わる職人や技術者にそこまで高度な要求をしないでほしい。要は、もっと安くあげてほしい。

建設を予定されている場所で、五年後、あるいは五十年後にこの建物が放つアウラのことを思い、またこの建物となんらかのかたちで出会う人々にとっては建てられたものだけが肝心であることを思えば、発注者の要望に逆らうのはそれほど難しいことではない。

7

しごく気に入って文章にもした、正面の壁に半円形のニッチがあったあの広間を、私はのちにもう一度訪れた。ニッチの床を広間よりこころもち高くしていた段差がほんとうに存在していたのかどうか、もはや心もとなくなっていた。はたして、段差はなかった。ニッチと広間の明るさの落差も、執筆のとき記憶に甦ってきたほどには歴然としていなかった。壁の装飾の気の抜けたような明るさには失望をおぼえた。

現実と記憶のこの落差に私は驚かなかった。私は観察に秀でた人間ではないし、またとりたてて秀でたいと思ったこともない。私は雰囲気にひたることを好み、空間的状況のなかで動くことを好み、そしてあとに好感情や好印象が残るなら、それで満足なのだ。絵画をじっくりと観るときのように、その印象からのちにディテールを読み出して、記憶に残っているぬくもりや安心感、軽やかさやひろがりの感情を与えてくれたものはなんだったのだろうと自問する。こうして思い返してみると、建築と人生、空間の状況と私がそこで体験するものとは不可分である。建築だけに集中して、見たものを理解しようとするときでも、そこでは自分の体験が共振し、見たものに色をつけている。おまけにかつてした似かよった経験の記憶が入りこむ。類似の建築的状況のイメージが重なり、たがいを強め合う。ニッチには段差があってもおかしくなかった。ひょっとしたら以前はあったけれど、のちに取り払われたのでは？　もしはじめからなかったのなら、あの空間をより良くするために、ぜひともつけるべきではないだろうか？　私はまたすっかり建築家に戻っている。そして気づくのだ、こうした開かれたイメージについて考えるのが自分はいかに好きか、そして求めるものを見つけるのにそれらがいかに助けになっていることかと。

建築の身体

観察

1

美術館の学芸員が私にインタビューをする。知的な、予想のつかない質問をくりだして話を聞こうとする。建築についてどう考えているか、仕事のさいなにを重視するか、はっきりとした答えを求めている。録音機がまわっている。私は最善を尽くす。インタビューが終わってから、自分の返答にいまひとつ満足がいっていないことに気づく。

その夜、ある女性の友人と、アキ・カウリスマキ監督の最新作についておしゃべりする。私はカウリスマキ監督が自作の映画の登場人物にしめす共感と尊敬をすばらしいと思う。カウリスマキは役者を監督のあやつり人形にしない。コンセプトを表現するために役者を利用するのではなく、むしろ役者を映画のなかに置いて、その尊厳、その秘密を私たちに感じ取らせる。カウリスマキの映画術は彼の映画に温かみの表現を与えている、と同僚の女性に話しながら、いまになって、けさテープに向かってこう言えばよかったのだ、と気づく。カウリスマキが映画を作るように家を建てることができたら、どんなにかすばらしいだろうに、と。

2

宿泊することになっているホテルは、フランスのある著名デザイナーの手によるものだ。私は流行のデザインにあまり興味がなく、その人の仕事を知らない。だがロビーに踏み入ったとたん、デザイナーの演出にもう取りこまれている。舞台空間を照らすように、人工の光がホールを明るませている。空間を充たす和らいだ抑えた光。壁のくぼみにある、天然石を組み合わせたフロントデスクの光が、明るいアクセントをなす。優美な姿を浮かべている階段は、玄関ロビーを取り巻く二階の回廊につづいているが、この階段をのぼっていく人の背景は、輝くような金箔の壁だ。二階の桟敷ではソファーのひとつに坐って、ロビーを見下ろしながら飲み物を飲んだり、食事を取ったりできる。どの席もすばらしい。ここなら〈パターン・ランゲージ〉論で、人々が本能的に快適だと感じる空間状況について論じたクリストファー・アレグザンダーも満足するだろう。私は眺める人となって二階に腰を下ろし、自分がこのデザイナーの演出の一部分になっていることを快く感じる。

人々が行き交い、現れては消えるロビーの情景を見下ろしていることが心地よい。このデザイナーが成功した理由がわかる気がする。

3

フランク・ロイド・ライトが設計した小さな住宅を見学して、たいへんな感銘を受けました、とHが語る。部屋の天井が低く、こぢんまりしたくつろげる雰囲気でした。小さな書斎があり、灯りが独特で、建築的な装飾が各所にほどこしてありました。家全体が、わたしがこれまで見たこともないような強烈な水平性の印象を伝えてきました。お年を召された女主人がまだ存命で、そこにお住まいでした。その家を見る必要はないな、と私は思う。彼女が言いたいことが手に取るようにわかる。人の住む家というものの感触は、私にもなじみがある。

4

すぐれた建築に与えられるある賞の応募作品が、私たち審査委員の前に並べられる。私は田舎にある一軒の小さな赤い木造家屋の資料をじっくりと検分する。納屋を住宅に改築したもので、建築家と住人が共同で増築をおこなった。うまい増築だ、と私は思う。切妻屋根の下の身部はどこを増築したか見てとれるが、違和感なく造られていて、全体としての統一感がある。窓の付けかたにも心配りがある。新と旧のバランスがうまく取れていた。新しい部分は「自分は新しい」と主張するのでなく、「自分は新しくなった全体の一部だ」と言っているかのようだ。センセーショナルでも革新的でもない、眼を射るようなものはなにひとつない。設計の手法からすればどちらかといえば旧式の、職人的な取り組みである。設計賞はやれないだろう、ということで私たちの意見は一致する。賞を与えるには、建築としての主張がおとなしすぎる。にもかかわらず、私がしばしば好感を持って思い出すのは、この小さな赤い家なのだ。

5

木造建築について書かれた本のなかで、広大な水面に、かなりの面積にわたって材木がぎっしり寄り合って浮いている写真が何枚かあって、興味をおぼえる。カバー写真になっている、伐採した材木の写真が木の断面図のように層状に配されたコラージュにも心を惹かれる。写真として多数挿入されている木造建築のほうはというと、どれも良質であるのに、そういう気持ちは湧いてこない。私が木造の建物を造ったのは、もう何年も前になる。

「あなたは近年石やコンクリートや、鋼鉄やガラスの建物を造っておいでですが、いま木の家を造るとしたら、どんなものにしたいですか?」、知り合いの若い建築家が私にたずねる。たちまち脳裡にイメージが浮かんできて、即答する——一軒の家ぐらい大きい巨大な木の塊、無垢の木材を水平にみっしり重ねた隙間のない塊《ヴォリューム》、これをくり抜いていく。部屋の高さの切り欠きや精密な空洞を造っていって、建物にする……。「こうやって造った家の身部は、木材が伸び縮みするからサイズが変わる、つまり動くし、はじめのうちはおそらく高さがかなり失われるでしょう。でも、そうした事実もその家の特性のひとつとみなして、設計のテーマに組み入れていくんです」と私は話す。「ぼくの母語はスペイン語ですが」、とその若い建築家が私に応じる。「木材、母、素材という単語は、madera, madre, materia といって、おたがいに近い言葉なんです」。私たちは話をはじめる。木と石という初源的な建築素材の感覚的な性質、文化的な意味、そして私たちの建物において、これらをどのように表現していけるかについて。

6

ニューヨーク、セントラル・パークの南端、最上階の大広間。夕暮れ時。眼前に、樹の茂る公園の巨大な長方形がある。まわりを縁どるのは、そびえ、燦めく石の都市の量塊《マッス》。世界の偉大な都市には、その根底に明瞭で壮大な秩序理念がある、と思う。直角に交わる格子状の街路、ブロードウェイの斜めの線、半島の海岸線。碁盤の目のなかに建物が密にひしめき、空に向かって伸びあがっている。個々ばらばらに、おのれに酔い、無名のまま、やみくもに、格子にがんじがらめになって。

7

都市のなかの公園めいた広い敷地のなかに、なにやら所在なげにかつての別荘が建っていた。第二次大戦の破壊をまぬかれた、地区で唯一の住宅だ。大使館として使われてからすでに久しいが、有能な建築家の設計によって改築され、これまでより三分の一ほど容積が大きくなった。新しい増築部分は堅固に、自信にみちた様子で古い建築に隣り合っている。かたや切石の台座、化粧漆喰のファサード、柱状装飾のあるバルコニー。かたや建て増し部は、いかにも現代的に抑制された、打ちっ放しのコンクリート。古い本館に合わせてサイズを控えながらも、造形の点では旧館と対話的な距離をたもっている。ふと、いま住んでいる村にある古城のことが思い出される。幾世紀を経るうちに何度となく改築され、拡張されてきた城だ。ぽつんとした一棟建てから徐々に大きくなり、今日あるような、中庭を取り囲む建物群になった。だがどの改築のときも、城はその都度、あらたなまとまりを持ったひとつの建築として造りなおされていた。歴史的な断絶はあっても、それが建物の造形にひびくことはなかった。古きが新しきに順応したか、あるいは逆に新しきが古きに順応してきたのだ。なぜなら状態は変わっても、人はいつも当然のごとく、まとまりある形姿を求めてきたから。漆喰をはがし、壁の接ぎ目を調査し、建物の内実を分析してみるときにはじめて、そうした古い建物が経た複雑な成立史が見えてくる。

8

展示パビリオンに入る。これで二度目だ。斜めになった壁、かしいだ床、遊び心を持ってゆるやかに結ばれた平面や棒やロープの演出。垂れたり、寄りかかったり、浮いたり、引っぱったり、ぴんと張ったり、突き出たり。直角をこばみ、くずした均衡をめざす構成だ。ダイナミックな印象をもたらし、動きを象徴している建築。この建築のふるまいは空間を動員する。印象づけ、見られることを欲する。私に残された余地はほとんどない。建物が指示するとおりのくねくねした径を進む。となりのパビリオンに入って出会ったのは、ブラジルの老巨匠オスカー・ニーマイヤーの、線や形を大きく使った伸び伸びした空間の優雅さ。写真のなかの広い空間、巨大な広場の空っぽさに、今度もまた惹きつけられる。

9

イタリアのチンクエ・テッレという地域にある小さな海水浴場は、海水浴客の大半がイタリア人で、刺青をした女をびっくりするぐらい大勢見かける、とAが私に言う。そうやって自分の身体を確かめているのだ、刺青によって、自分のアイデンティティを主張している。人工的な生の記号であふれゆがんでしまった世界、哲学者がヴァーチャル・リアリティについて考えるような世界のなかで、身体が逃げ場になっているのだ――

現代芸術のオブジェとしての人間の身体。認識せんがための問いかけ、暴露、ないしは自分のアイデンティティの確認としての身体。そのアイデンティティは、鏡のなかか、他者の眼で見られてようやく首尾よく確かめられるものなのか？

フランスの現代建築プロジェクトの展示会場に行く。きらきら光るガラスのオブジェ、角のないやわらかいフォルムの物体が眼を惹く。幾何学的な基本形にところどころ優美な丸いふくらみがある。輪郭線が、ロダンの裸体デッサンの長い線を思い出させる。このふくらみが、作品に彫刻のような質をもたらしている。

建築モデル。モデル。美しい身体。賛美されるのはその表面、その皮膚だ。ぴんと張りつめ、ぴったりと密着して身体をすきまなく包みこむ、皮膚。

10

古いホテルの細長い廊下を、ガラスの仕切りが区切っている。下部がガラスの一枚扉、上部が固定されたガラス板、枠はなく、四隅が留め金で挟んでとめてある。ふつうにやっただけの、どうということもないもの。むろん建築家のデザインではありえない。だがこのドアが気に入る。いいと思ったのは、上下のガラス板の比率ゆえだろうか、ガラス板を挟む金具の形と位置のゆえか、薄暗い廊下の、沈んだ色のなかでのガラスの燦めきのせい、それとも、ふつうの高さのドアに比して上のガラス板がずっと高さがあり、そのために廊下の天井の高さがきわだって見えるからだろうか。自分でも判然としない。

11

複雑な形をした建物群の写真を見せられる。区画も平面も体積も異なったものが重層しているような感じで、傾いだり、直立したり、入れ子になっていたりする。どんな機能を持った建物なのかいっこうに読み取れないその異様な形姿は、重荷を負ったような、責め苦にあっているような、妙な印象を与える。なぜだか二次元のものに見える。一瞬、カラフルに彩られた厚紙モデルの写真を前にしていると錯覚する。あとから建築家の名前を教えられて、かるくショックを受ける。私の思い違いだったか？　よく知りもしないで判断を急いでしまったのだろうか？　世界的に名の通った建築家だ。センスのいい彼の建築ドローイングは有名だし、現代建築についての書きものは哲学的テーマも扱っていて、広く出版もされている。

12

マンハッタン市内にある邸宅を訪れる。いい場所にあって、完成したばかり。ビルの連なる通りで、真新しいファサードは見逃しようがない。写真で見たときは、ガラスに縁取られた天然石の外壁は、書き割りめいた感じがした。だが実際に見ると、ファサードはずっと一体感があり、まとまりがよく周囲とも溶けこんでいる。見るものに批判的なコメントを加えずにいられない私の癖も、家に踏み入ったとたんに鳴りをひそめる。建物の質の高さにたちまち引きこまれる。建築家が私たちを出迎え、玄関ホールに導いてから、部屋から部屋へ案内していく。空間はゆったりしていて、並びかたも理にかなっている。次の部屋を見るのが楽しみになり、その期待は裏切られない。裏側にあるガラス張りのファサードや、階段の上の天窓から射しこむ外光の質感も心地よい。こぢんまりとして心地よさそうな中庭にはおもだった部屋が面していて、階を上るごとに、建物の深さのなかに引き入れられるような感覚を強めている。

建築家は親しみと敬意をこめた口調で施主、つまり越してきたばかりの邸宅の住人のことを語る。仕事を理解してくれていること、彼も施主の要望をかなえようと努めたこと、実用的でないと批判されて、直さざるを得なかったところもあったこと。話しながら箪笥の扉を開け、目の粗い格子織の大きな日除けを下ろしてリビングの光を和らげてみせ、アコーディオン式のパーティションを引き出し、巨大な自在ドアが二つのピボットヒンジを支点に音もなく動き、ぴたりと閉まるさまを実演する。ときおり素材の表面に触れ、手すりや木の接ぎ目やガラスの縁を、両手で撫でさすっていく。

訪れている都市には、美しい一角がある。十九世紀から世紀末にかけての建物。石と煉瓦で建てられた、どっしりした量塊が街路や広場に沿って連なる。珍しいものはない。いかにも都市というたたずまい。公的空間である飲食店は、建物の一階にあり、通りの往来に向かって開かれている。一方、二階から始まる住居やオフィスは、ファサードを防護にして引きこもり、名高い顔、無名の顔の背後に、私的領域を隠している。ファサードの底辺を境に、公的空間ときっかり一線を画して。

13

この地区には建築家の住居や事務所がたくさんあると聞いていた。そのことを、数日後、おなじ都市にある高名な建築家たちの設計による新市街地を見学し、その市街地の構造には明らかに前と後ろがあること、そして綿密に分節された公的空間と、品よく控えめなファサードと、都市の身体にぴったり合っている建物の大きさを眼にして、思い出したのだった。

14

何年もかかって、石造りの温泉施設のためにコンセプトや形態や設計図を練ってきた。ついに工事が始まる。近くの石切場から切り出した石を石工が積んでできあがった、最初のブロックの前に立ってみる。驚き、焦る。たしかになにもかも私たちの設計どおりだ。しかし石板を重ねた塊の、硬いと同時に柔らかく、すべすべしていながら巌のようで、さまざまな階調に燦めく灰緑色の存在感は、予想だにしていなかった。一瞬、プロジェクトが私の手から滑り出し、独自の法則にしたがう物質となって、勝手に動き出しているような心地になる。

15

グッゲンハイム美術館で、女性アーティスト、メレット・オッペンハイムの作品を見る。集められた作品は、テクニックの点からは驚くほどまちまちだ。一貫したスタイルは見当たらない。だが彼女の思考のしかた、世界を観察し、作品をつうじて世界に介入するそのしかたは、首尾一貫しているし、統一性があるように私には感じられる。だからあの名高い毛皮のカップと、炭を組み合わせて作った蛇とをつなぐものはなんなのかなどと考えることに、おそらく意味はないのだ。どのような観念も、有効となるためには形を持たなければならない、といった内容のことを彼女は言ったことがあるという。

建築を教える、建築を学ぶ

若い人たちが建築家になりたい、自分の素質をみきわめたい、と大学に入ってくる。この人たちにまず伝えなければならないのはどんなことだろうか？

はじめに言っておくべきは、答えが最初からわかっている問いを出す教師はいないということ。建築をすることとは、おのれに向かって問うこと、教師の助けを借りながらも自分で答えに近づき、迫り、発見することである。そのくり返しである。

すぐれた設計をする力は、自分自身のなかに、世界を感性と知性の双方でとらえる能力のなかにある。すぐれた建築デザインは感覚的である。と同時に、知性的である。

私たちはひとり残らず、建築などという言葉を聞いたこともないうちからわが身で建築を体験してきた。建築を理解することのルーツは、自分がかつてしてきた建築の経験のなかにある。私たちの部屋、私たちの家、私たちの通り、私たちの村、私たちの町、私たちの風景――私たちは人生の早い時期に、意識しないまま建築を経験し、歳を重ねるとともに、それらをあらたに経験した風景や町や家などと較べてきたのだ。建築の理解のルーツは、私たちの幼年期や青年期にある。つまりは、私たちの履歴のなかにある。

学生諸君は、設計の礎になるのは自分がしてきた建築の経験であることに、ぜひとも意識的になって勉強をしてもらいたい。与えられる設計の課題は、このプロセスを発動できるように組まれている。

自問してみるといい。かつてある家、ある都市の、なにが自分の気に入り、印象に残り、感動を与えたのだろう――そしてそれはなぜなのだろう？　その空間、その広場はどんなたたずまい、どんな外観だっただろうか、空気はどんな匂いがし、私の靴音、私の声はどんなふうに響いていたか、踏みしめた床の、握ったドアの把手はどんな感触だっただろうか、ファサードに当たった光のぐあい、四方の壁の輝きはどうだったか？　狭い感じがしたか、広い感じがしたか、親密なこぢんまりした感じだったか、それとも壮大な感じだったか？

薄い皮膜のような木の床、石の重い塊、やわらかい布、つるつるした花崗岩、しなやかな革、粗鋼、つややかなマホガニー、結晶化ガラス、陽光に温められてやわらかくなったアスファルト――建築家の素材、私たちの素材である。どれもおなじみのもの。と同時に、本当はよく知らないものでもある。設計するため、建築を生み出すためには、意識的に素材とつきあうことを学ばねばならない。追求するとはそういうことである。それは想起の作業である。

建築はつねに具体的な事柄である。建築は抽象的ではなく、具体的なのだ。紙に描かれた設計やプロジェクトは建築ではなく、いわば建築の不完全な表象であって、たとえるなら音楽の楽譜のごときものである。音楽は実際に演奏されなければならないし、建築は実際に建てられなければならない。建てられてはじめて、建築には身体が生まれる。そして、身体はつねに感覚的なものなのだ。

建築を学ぶ一年目において取り組むどんな設計も、出発点には建築のこういう身体的な、具体的な感覚性、その物質性がある。建築を具体的に経験するとは、建築の身体に触れること、見ること、聞くこと、匂いを嗅ぐことだ。こういう性質を発見し、それらと意識的につきあうこと——これが授業のテーマである。

演習の時間は、すべて実際の素材を用いておこなわれる。設計の課題は、つねに現実にある素材（粘土、石、銅、鋼、フェルト、布、木、石膏、煉瓦など）からなる具体的な物、物体、インスタレーションを作ることを目的とする。厚紙で作る模型はない。従来の意味での〈模型〉は作らない。スケールを決めたうえで具体的な物体を作り、三次元の仕事をしてもらう。

設計図を描くさいにも、つねに具体的な物を出発点としたい（つまり、〈構想—設計図—模型—具体的な物〉というプロの建築家の通念とは逆の流れになるということだ）。まず具体的な物体を作る、それから図面に起こす。また、さまざまな次元のスケールに対する理解も、具体的な事物によって訓練していく（たとえば一列に続いている町並みの横断面ないし水平方向の断面を計測し、記録する、既存の内部空間のディテールをスケッチするなど）。

感銘を受けた建築というものは、私たちのなかにその心象《イメージ》を残している。そうしたイメージを、私たちは脳裡にふたたび呼び起こし、吟味することができる。とはいえ、まだそこからあらたな設計、あらたな建築が生まれるわけではない。どんな設計にも新しいイメージが必要だからだ。〈古い〉イメージは、新しいイメージを見出す一助となるにすぎない。

設計のさいにイメージで考えるとは、つねに全体として捉えるということである。なぜならその本質からして、イメージとは構想した現実を眼によって捉えた、その全体像であるからだ。たとえば壁や床、天井や材料、光のたたずまい、空間の色調。しかもちょうど映画を見ているように、床から壁、壁から窓といったぐあいに、移りかわる部分のディテールもつぶさに見える。

とはいえ、いざ設計にとりかかり、構想した対象をイメージとして思い浮かべようとしても、視覚的な要素はそうやすやすとは出てきてくれない。設計プロセスの初期段階では、イメージはたいがい不完全なのだ。だから私たちは設計のテーマにくり返し戻っては再考し、明確化に努めながら、欠けている部分をイメージのなかに補っていく。別の言い方をすればこうだ——私たちは設計をする。そのとき助けになってくれるのが、想像上のイメージの具体的な感覚性である。イメージが具体的に感覚にうったえる力を持つことによって、不毛な抽象的・理論的な想定に落ちこむことを避けられる。建築の具体的な性質との接点を失わないでいられる。ドローイングの絵としての出来に惚れこんでしまって、それを現実の建築の出来と取り違える愚を避けることができる。

心にイメージを作り出すことは、私たち誰もがおこなっている自然なプロセスだ。それは思考の一部分である。

イメージのなか、つまり建築的・空間的・色彩的・感覚的なイメージのなかで、連想をはたらかせ、奔放に、自由に、秩序だて、体系的に思考すること——私がいちばん好きな設計の定義である。設計の方法としてイメージで思考するということを、学生諸君に伝えていきたいと思っている。

美に形はあるか？

アンズの木がある。シダがある。ブラックベリーがある。では美というものはあるのか？　美とはある事柄、ある客体にそなわる具体的な性質であって、描写でき、名づけられるものなのだろうか？　それとも精神の状態のひとつ、人間が受け取る感覚のひとつなのだろうか？　特別な形、姿、ないし造形を私たちが知覚したさいに生じる特殊な感情？　美しいという感覚を起こさせるもの、ある瞬間に美を味わった、美しいものを見たと感じさせる物には、どんな性質があるのだろう？　美には形があるのだろうか？

1

音楽が流れてきて、私の書きものの手が止まる。息子のペーター・コンラーディンが、古い録音のチャールズ・ミンガスを聴いている。あるパッセージに惹きつけられる。ゆっくりしたリズムがつくりだす静かな、ほとんど自然なうねりの、とびきり密度の高い、とびきり自由な箇所だ。その脈動のなかで、テナーサックスが温かく、ラフに、ゆったりと語っていて、私にはその言葉が一語一語ほとんどすべて理解できる。ブッカー・アーヴィンのハードに抑えたトーンは、鋭いが耳障りではなく、どこまでも硬質でありつつ、透過的だ。ミンガスのベースの乾いたピチカート。武装解除させて征服しようというような、官能でぎとぎとした〈乗り《グルーヴ》〉ではない。こうやって耳をかたむけてみると、堅苦しく聞こえてもおかしくないのだが、と私は思う。だがそうなってはいない。すばらしいのだ。「信じられないぐらい美しい！」と私と息子はほとんど同時に言って、顔を見合わせる。私は音楽に引き入れられる。これは空間だ。色彩ゆたかで感覚に富み、深みと動きを併せもつ。私はこの音楽の内部にいる。しばし、ほかにはなにも存在しない。

2

マーク・ロスコが描いた一枚の絵画。振動する色面、純粋な抽象。見るという経験だけを扱ったものね、わたしにとっては純粋に視覚的な作品よ、と彼女が言う。匂いとか音、材質とか触感とかいったほかの感覚は出番がない。じっと眺めていると、絵画の内部に入っていく。そのプロセスは集中や瞑想ともどこかでつながっている。瞑想のようだけれど、心を空っぽにする瞑想ではない、意識をとぎすます瞑想。この絵に集中することで、あなたは自由になれる、と彼女が言う。もうひとつ別のレベルの知覚に達することができる。

3

ある一瞬間の強烈な経験、過去も未来もなくなったかのような、時間が宙づりになったような感じ、これは多くの、いやおそらくすべての場合における、美に触れたときに起こる感覚のひとつだろう。美を発散するなにものかが、私の内部のなにかを響かせた。過ぎ去ったのち、私は語る――あのときの私は、しっかり自分を持ちつつ、同時に世界とひとつになっていた、まず一瞬息をのみ、それから釘付けになり、没入し、感嘆し、共振し、おのずと高まり、同時に平静でもいて、目の当たりにした姿の不可思議に魅入られていた。喜ばしさ。幸福感。見つめられているとは知らずに眠る幼子の顔。おだやかな、なにものにも乱されぬ美。なにひとつ介在しない。すべてがそれ自身。時の流れが止まる。体験は結晶して、心象《イメージ》となる。深みを指し示すようなその美しさ。この感覚が続いているあいだ、私は事物のまことの本質、そのもっとも普遍的な、どんな思考の範疇にもあてはまらないであろう性質をおぼろげにつかんだ気がする。

4

イタリア、ヴィチェンツァのルネサンス劇場。急勾配の観客席。すり切れた木の板。すばらしく落ち着ける。空間を強く感じる。濃密さ。「すべてが調和している」、彼女が言う。「不思議なほど、驚くほど、掌みたいに自然に」

のち、丘の上の屋敷で。自然のなかを散歩していた彼女は、ふいに宝石を眼にして、息をのむ。建物が光り輝いていたのだ。建物が風景の一部であり、風景が建物の一部だった、そう思えた、と語る。

5

自然の美は、人間を超えた偉大なるものとして私たちの心を揺さぶる。人間は自然からやってきて、自然に還る。飼い馴らされたり人間の尺度に合わせられたりしていない風景を眼にして美しいと感じるとき、私たちはぼんやりとながら、自然の無限に対する人間の生のほどを意識する。包まれていると感じる。謙虚と誇りがひとつになる。自然のなかに、この大いなる形のなかにいる。つまるところ私たちの理解を絶し、また、自分もその一部であると感じられるがゆえに、この高揚した体験の瞬間には理解する必要もない、この形のなかに。

私は遥かな風景を見晴るかす。水平線に眼を馳せ、大海原を見つめる。野を渡り、アカシアの林まで歩く。ニワトコの花を、ビャクシンの樹を観察する。心が静まる。

彼女はシチリアの海で泳ぐ。しばし水中に潜る。息がとまりそうになる。巨大な魚がすぐそばを泳いでいったのだ。音もなく、このうえなくゆっくりと。悠然として力強く、優雅な、何千年来の自明な動きで。

6

彼女は美しい靴を好む。職人技を、素材を、そしてなによりも形を、ラインを愛でる。彼女は靴を眺めるのが好きだ。足に履いた靴ではなく、ひとつの物として。形は用の必然から生み出されたが、その実用の要請を美が上回り、その美がまた用をうながしている。「わたしを使って。わたしを履いて」と美しい靴は彼女に語りかける。実用品の美しさこそ、美の最高の形だと思う、と彼女がつけ加える。

7

私は人の手で作り出された物の美しさを、記憶しているかぎりでは、つねにその形が持つ特殊な存在感として経験してきた。ありのままで充ちたりた、その物に固有な存在としてである。そのような人工物が自然のなかで際立つときにも、たびたび美を感じる。そうした建物、都市、家、通りは、まるでそこに意識して置いたかのようだ。場を生み出している。それがあるところには前と後ろが、左と右が、近さと遠さが、内部と外部ができ、景観の焦点となる形、景観を濃縮したり加工したりする形ができている。周辺世界が生まれている。
人工物とその環境——人工的作品と自然との共鳴だ。純然たる自然の美ではなく、また純然たる人工物の美でもない。建築、それは諸芸術の母？

8

彼女は若い人たちの輪のなかにいる。おおむね建築家だ。霧雨が降っている。空気はなま暖かい。ある屋敷の中庭に、男女が立っている。ひろげた傘、前をとめていない長いレインコートが、なにかしら大都市らしい洗練を感じさせる。やわらかい光が一同を包んでいる。明るい灰色の曇り空は、濃いめの霧のようにも見え、雲上の光が下界を明るませている。陽光がこまかい雨の粒を光の粒子に変える。風景がおだやかな輝きに包まれる。
立っている男たち、女たち、いずれの顔も晴れやかだ。急がず、ほとんどついでのように、領主屋敷、中庭、付属の農舎、開け放たれた鉄の格子門を眺めている。ときおり誰かが丘陵の景色に眼を馳せる。靄がわいている。中庭の敷石、樹々の葉むら、牧草地の草が輝く。四方を見渡し、たしかこの近くにあるはずと、アンドレーア・パッラーディオ設計のヴィッラ・ロトンダに通じる道を探す。この光景はイメージとして記憶に刻まれた。彼女はそう記していた。

9

私は家や村や都市や風景の経験を記憶に呼び戻し、あれは美しかった、といま言葉にする。だが体験した当時も、私はその状況を美しいと思ったのだろうか？　おそらくそうだと思う、しかし自信はない。たぶんはじめに印象があり、あとからそれについての省察が生まれた。事実、のちの刺激や友人との会話、自分のなかでまだ美的に整理されていない記憶の意識的な探査などによって、事後的に美しさを感じるようになるものがあることを私は知っている。他人が体験した美についても、その人が話す美しさについて、自分のなかにイメージを描くことができれば、私はそれを追感することができるし、自分が感じた印象にすることもできる。

美は私にとってつねに捉えられたイメージ、截然と切り取られた現実の一部分、オブジェとか静物のようなもの、ないしは努力や人為のあとを見せずに完璧に構成された、それ自体で自立したひとつの場面のようなものとして現れる。すべてがあるべきしかたで、あるべき場所にある。違和を与えるものも過剰な脚色もない、批判も告発もなく、そぐわない意図もない。注釈も意味もない。その経験は意図せざるものだ。ものそのものが見えている。それが私を釘付けにする。私が見ている光景は、ひとつのコンポジションのように思われる。こよなく自然でありつつ、その自然さが同時にきわめて芸術的でもあるような。

10

小さな納屋の角を曲がって、彼女ははじめて新しい建物を見る。どきりとし、体に電気が走って、立ちつくす。柱列に飾られた新築の建物の建ちぐあい、多孔質の石とガラスと密に年輪を重ねた木材の組み合わせ、隣接する古い建物と合わさってひとつの大きな中庭をなすそのたたずまい――新築の建物は、その場の既存の建物の大きさや素材とうまくバランスを取るように、非幾何学的な精確さのもとに配されている――が、魅力とアウラを、エネルギーと存在感を放っている。「わたしが眼にしたものことごとくが、ぴんと張りつめたまま宙で釣り合いを取っているような感じでした。そして新しい建物の身体がこまかくふるえているかのようでした」と彼女は私に語る。

11

彼はマントヴァのサンタンドレア教会の正面入り口に立つ。高い前廊《ポルチコ》の光と影、付柱《つけばしら》に幾筋かの陽光が射す。それだけで自立した世界。もはや街ではなく、まだ教会の内部でもない。彫像や飾り縁が沈む頭上の薄闇で、鳩がばさばさと羽ばたく。音は聞こえるが、姿は見えない。濃い翳り。射し入る光に、埃のこまかい粒が浮いているのが見える。空気は濃密で、ほとんど触《さわ》れるようだ。ポルチコの空間に立っていたとき、物を見るというより物を感じる、といったふうでしたが、わたしには物がたがいに電気をおびあっているような、不思議な相互関係を結んでいるような感じを受けました、と彼は語る。

12

美とは感受である。そのとき理性は副次的な役割しか果たさない。私たちの文化から生まれ、私たちの教養に即した美はただちに認識できる、と私は思う。私たちは捉えられひとつの象徴となった形、姿、造形を見て感動する。自明、静謐、沈着、自然、威厳、深淵、神秘、刺激、興奮、緊張感といった性質の多く、ひょっとしたらぜんぶを一体として持つものを……

私の心を揺さぶるその姿がほんとうに美しいのかどうかは、形からはただしく判断できない。なぜなら形そのものでなく、その形から私へと飛び来るスパークが、美の体験である特殊な興奮と感情の深度を作り出すからだ。しかし、美というものはある。めったに現れず、現れるとしてもたいてい予期しない場所でだが。あると期待した場所にはない。しかし、美というものはある。

美は設計して作り出すことができるのだろうか？ これならかならず美を生み出せるという法則はどこにある？ 対位法、和声学、色彩論、黄金分割、そしてかの〈形態は機能に従う〉。それらでは足りない。メソッドとかディヴァイスとかいった立派な道具は、内容を代替してはくれず、美しい形姿の魔法を担保してもくれない。

デザイナーとしての私の道はいつまでたっても険しい。芸術と達成、直感と手仕事が関わる。細心であること、物に即していること、真正であることも。

13

美しさに到達するには、仕事に全身全霊で取り組み、一意専心していなければならない。なぜなら美を認識し、運がよければ美の創造を可能にする特殊な実質《サブスタンス》は、私の内部にあるからだ。他方、机であれ家であれ橋であれ、私は造ろうとする物を正当に遇してやらねばならない。よくできたものには、なんであれ、形態をさだめ、その本質の一部をなす、そのものにふさわしい内部の秩序があると思う。私はこの本質をなすものを見つけたいと願い、それゆえに設計ではかたくなに事物に即すのだ。見ることの精確さを、抽象的な見解や観念を超えたところにある現実の感覚的経験の真実性を、私は信じている。

この家はこれからどうなるのだろう？　使われる対象として、材料を組み合わせ、堅固に造られた感覚的な物体として、人生に奉仕する形を与えられた姿として。そう自問し、さらに問いを重ねる——この家はなにを望んでいるだろう？　街の裏通りというその場所で、あるいは郊外で、痛めつけられた風景のなかで、ブナ林を背にした丘の上で、飛行場の緩衝地帯で、湖の光のなかで、森の蔭のなかで。

14

「アンズの木がある、アンズの木がある。／シダがある。ブラックベリーが……」

この章の冒頭および次にあげる詩行は、右の言葉にはじまる、詩人インガー・クリステンセンの「アルファベット」と題された詩からとったものだ。無限に大きくなっていくフィボナッチ数列のリズムにしたがって組み立てられた 詩《ディヒトゥング》。クリステンセンが世界を請けあいつつ、燦めくと同時に人をちくちくと刺激もする粒子を放つ、言葉たちの濃密《フェアディヒトゥング》な世界だ。

六月の夜がある。六月の夜がある（…）
そしてだれも
飛びすぎるこの夏、だれもわからずにいる
秋があることを、あと味があり、あとからの深い想いがあることを、
ただこの絶えまない超音波の
目眩させる連続だけがある　そして時を刻む靄にむけられた
蝙蝠の翡翠の耳だけが。
地球の傾きがかくも壮麗なことはなく、

亜鉛白の夜々がかくも白いことはなかった

この詩行を読みながら思う。欠如から生まれるとき、美はもっとも強烈な輝きを放つ。私のなかの欠如。美の体験としてまっすぐ私を打つ強烈な表現や感情。味わうまでは、ないことに気づかなかった、あるいは忘れていた、そしていま、今後も永遠にないのだと気づく感情。憧憬。美の体験は私のなかの欠如を意識させる。私が経験するもの、触れるものには、喜びと痛みがふたつながらにある。欠如の痛み、そして欠如の感覚をひきおこす美しい形姿、心に沁みる形の喜び。作家マルティン・ヴァルザーの言葉を借りよう。「なにかが欠ければ欠けるほど、欠如に耐えるために動員しなければならないものは美しくなり得る」

実在するものの魔術

音楽には魔術がある。ソナタがはじまり、ヴィオラが下降する第一旋律を奏で、ピアノがつづく、するともう、心が揺さぶられている。音の空気《アトモスフェア》が私を取り巻き、揺さぶり、私を特殊な気分にする。

絵画の魔術、詩の魔術、映画の、言葉の、イメージの魔術がある。スパークする思考の魔術がある。そして実在するものの魔術、物質からできているものの、身体を持つものの、私を取り巻き、私が見たり触ったり、匂いを嗅いだり音を聞いたりする事物の魔術がある。なんらかの建築や風景、なんらかの環境が私におよぼすこの魔術は、なんらかの拍子に、ふいに出現する。気がつくとそこにある。あたかも、気づかないうちに、魂がゆっくりと育っていたかのように。

聖木曜日だ。私は織物会館の外壁に沿った長い開廊《ロッジア》で、椅子に掛けている。眼前は広場のパノラマ。ファサードをつらねた建物、教会、モニュメント。背中にはカフェの壁。広場らしく人で賑わっている。花のマーケット。陽光。十一時、お昼前。広場の向かい側の壁は翳っていて、心地よい蒼味をおびて見える。えも言われぬ音がする——まぢかの会話の声、板石を敷きつめた広場に響く靴音、人群れのひくいざわめき（車の音もエンジンの音もしない）、遠くから、ときおり建設工事の音。鳥たちが黒い点になって空を渡っていく。懸命に、嬉しげに飛んでいるように思える。つかのま空に描かれる図形。はじまりを告げた祝日が、人々の歩みをすでにゆるめているようだ。尼僧がふたり、さかんに身ぶり手ぶりをまじえながら広場を横切っていく。かろやかな足取り、頭巾が風になびく。どちらもビニール袋を下げている。気温は心地よくすがすがしく、暖かくもある。私はくすんだ緑色をしたベルベット地のソファーに腰掛けている。前方では、高い台座に載ったブロンズの人物像がこちらに背中を向けて広場に立ち、私とおなじく、ふたつの塔を持つ教会を眺めている。この教会のふたつの塔は、先端の屋根の形がそれぞれ違う。下部はおなじなのだが、上にいくにつれ別々になるのだ。ひとつがもうひとつより高く、頂上の小尖塔のまわりに金の王冠がはまっている。ほどなくBが右側から広場を斜めに横切り、私のところへやってくるだろう。

この広場の雰囲気について、こういった言葉を当時私はメモ帳に記した。そこで眼にしたことごとくに魅了されたからだった。いま、このくだりを再読して自問する。いったい当時、なにが私をあんなに揺さぶったのだろう？

すべてだった！　事物が、人間が、空気の質が、光が、ざわめきが、音が、色が、あらゆるものが。物質の存在感、テクスチュア、そして形が。私が理解できる形、読み取ろうと努めることのできる形。美しいと感じられる形。

だが、こうした物質的な存在、事物や人々を別として、ほかに私を感動させたものはなかったのだろうか——私自身にのみ関わりのあること、あそこに腰を掛けていたときの私の気分、私の想念、私の期待に関わりのあることが？

「美は見つめる者の眼のなかにある」——こんな一文が思い浮かぶ。この文がいわんとするのは、あのとき私が感じた一切は、ひとえに、ないしおおむね私の当時の心身の状態、たまたま陥っていた気分の現れや発露だということではないか？　当時の私の体験は、本質的には広場とその雰囲気と関わりのないものだったのだろうか？

この問いに答えるために、ちょっとした実験をしてみる。頭のなかで広場を取り去ってみるのだ。たちまちあの場面で生じた感情が妙にぼやけはじめ、それどころか消えかける。

あの広場のあの雰囲気がなければ、当時のああいった感情はけっして生じなかった、ということなのだ。いままた思う——私たちが受ける感覚とまわりの事物は、相互作用のなかにある。建築家として私が携わるのはここである。私の仕事は生活空間をなしている事物の形態や外観、物質の存在感を問題にする。私は自分の仕事によって、現実のさまざまなものごとに働きかけ、私たちの感覚を揺り動かす空気感の醸成に寄与しているのだ。

実在するものの魔術、私にとってそれは、現実の物質が人間の感覚へと変容する、その変化の〈錬金術〉である。建築空間において物質や素材や形態が情緒的に取りこまれる、ないし同化される、その特別な瞬間のことである。

建築家として私は保養施設や商業施設や飛行場を造り、機能させることができる。間取りのいい住居を手頃な価格で建てることができる。インパクトのある劇場や美術館やショールームを設計することができる。斬新さや革新性、ステイタスやライフスタイルの要求を満たすような形態を建物に付与することもできる。

しかしそれらは、どれも簡単なことではない。労力がかかる。才能もいる。そして再度言うが、労力がかかる。しかし、個人的な建築経験の特別な瞬間から生まれた、すぐれた建築作品を造りたいと思うならそれだけではだめで、もっと先を問わなければならない——私は建築家として、本当に建築的な空気《アトモスフェア》を醸し出すものを設計できるのだろうか。そこにしかない密度と雰囲気、存在感、やすらぎ、調和、美しさを醸し出す空間を？　なんらかの瞬間に実在するものの魔術をはたらかせるものを設計できるだろうか？　その魔術にひきこまれて、ほかではけっして味わえない質のなにかを味わい経験できるようなものを？

大小を問わず、インパクトがあったり重要であったりする建物や複合施設のなかにも、私を縮こまらせ、圧迫し、締め出し、撥ねつけるものがある。だが他方、大小を問わず、居心地がよく、私の見映えをよくし、尊厳と自由の感情を与えてくれるような、留まりたい、使いたいと思う建物や複合施設もある。

私は後者のような作品に情熱をかたむける。

こうしたことから、私は設計のさいには、建物を身体とみなし、身体として建てることに意を用いている。皮膚を持つ組織として、細胞膜のある塊として、布やベルベット、絹、燦めく鋼鉄を素材や被いとして。

私は素材が共鳴しあい、輝きを放つように意を注ぐ。オーク材はこれこれの量、凝灰岩はこれこれの量、添加物は三グラムの銀、グルリと回す式の把手、輝くガラスの表面――そうやって素材を組み合わせ、たったひとつきりのものを造り出す。

私は空間の響き、素材や表面を叩いたときの質感、そして耳を澄ますことの前提となる静寂に意を注ぐ。

室温、涼感、すがすがしさ、私たちの体を撫でる空気の暖かみの微差を重視する。

個々の人間に関わる事柄を考える。しかじかの空間に集まって仕事をしたりくつろいだりする人々のこと、私が居場所を造っている人々のことを考える。

私たちを導き、連れていくとともに、私たちを解き放ったり、誘惑したりする空間的配列になるように建物の内部構造をしつらえる、という考え方が気に入っている。冷静と誘惑のはざまにある空間芸術、時間芸術としての建築。

内部と外部、人目に触れる部分と私的に秘められる部分との緊張を入念に演出するようにしている。敷居、移り目、境界に注意を払う。

そしてもうひとつ、建築スケールとたわむれること。物にふさわしい大きさを見つけようと努めるのは、親近感の度合い、遠近のニュアンスの差異を作り出したいからである。さまざまな素材や表面や角や縁を、光沢のあるものもないものも太陽の光に当ててみて、影や闇の神秘的な深い質量や濃淡の変化を起こし、事物に光の魔法をかけてみるのが好きだ。やがて、すべてがぴたりと調和するまで。

風景のなかの光

月の光

月の光はしずかな反照である。大きく、一様で、おだやか。月光は遠くからやって来る。それが静けさをつくる。地上の物が月光を浴びて投げかける影は、見えないけれど別々の方向を向いているのではないだろうか、と私は想像する。私の裸眼には捉えられないけれど。地上で照らされている物と光源とがなす壮大な角度を知るには、私が小さすぎるか、距離が小さすぎる。

光と影について——月の光と影、太陽の光と影、私の部屋のライトが投げる光と影について調べはじめると、尺度《スケール》と寸法《ディメンション》の感覚が得られる。

以前から光について本を書きたいと思っていた。光ほど永遠を思わせるものはない、といま読んでいるポーランドの作家アンジェイ・スタシュクの本『デュクラの背後の世界』にある。出来事も事物もおのれ自身の重さゆえに止まるか、消えるか、滅びる。私がそれらを眺め、描写するのは、ひとえに、それらが光を遮るからであり、光に姿をあたえ、私たちが理解できるような形態にして見せてくれるからである、とスタシゥクは述べている。

かなたより地球に射す光

自分が造った建物や、都市や風景の数々における人工の光について考えようとすると、はっと気づいたときには恋する人間のように、きまってわが賛嘆の的、自然の光に立ち戻っている。遥かかなたから地球に射す光。無数の物体に、構造に、物質に、液体に、表面に、色に、形に射す。光を浴びてそれらは輝く。地球の外からやってくる光は、空気を私の眼に見せてくれる。たとえば秋のオーバーエンガディン地方。空は南国の色をおびているが、空気はすがすがしい。

遥かな高みから見つめる

遥かな高みから見つめると、人間が夜にともす人工の光にはなにか胸を打つものがある。私たちは家や往来を照らし、この惑星を照らし、暗闇を少しばかり追い払って光の小島をつくり、そこで私たち自身と、私たちが身辺に集めた事物が見えるようにしている。感じる、嗅ぐ、触る、味わう、暗闇で夢見る、それだけでは足りない——私たちは見たいのだ。だが人は生きるためにどれだけの光を必要とするのだろう？　またどれだけの闇を？最低限の光量でよい人生を送ることのできる、特殊な感受性をもった精神状態とか生活水準はあるのだろうか？　もっと言うなら、ある種の経験ができるには、暗く翳った場所や夜の闇が必要なのだろうか？

サン・バーナディーノの狩人がふたり、支流にある未開の谷で三昼夜か四昼夜を過ごしてから夜半帰途につき、灯りに照らされた自分の村——トンネルの入り口や、ガソリンスタンドや、車——を見下ろしたとき、慣れ親しんだ村がふいに汚染されているように感じたと報告している。『陰翳礼讃』の著者、谷崎潤一郎は、石山寺に月見に行くつもりでいたところ、月見客を愉しませるために「月光ソナタ」を流し、灯りや電飾をつけると聞いて、取りやめたという。

太陽の光

無数の小さな光点——夜空の星、森の蛍、夜の人工灯。みずから発光したり反射したりする小さな物体。たとえばシャンデリアのガラス玉。

宇宙からやってきて地球表面に届く太陽光、日光は、大きくて強くて方向性を持つ。ひとつの光だ。

暗闇は地に住む

先ごろ山登りをしたアンナリーザが、登山道のわきに咲いていた高山植物の花の色が、日が暮れてしばらくのあいだぼうっと発光していたのを見たという。まるでいままで光を貯めていて、その光をいまこそ放出しなければというかのようだった、と私に語る。

暗闇は地に住む。巨大な呼吸のように、地から立ちのぼり、また地に還る、とスタシュクは書く。

歳を重ねるほどに、自然のなかの多種多様な光の現れかたに関心を持つようになった。驚かされ、教えられ、私が考え出す建物を照らすのは太陽の光なのだ、と意識する。空間、物質、肌理、色、表面、形を、私は太陽光にかざす。しかるべき場所を明るませるために、その光をつかまえ、反射させ、フィルターにかけ、遮断し、薄める。作用物質としての光は、私にはおなじみ。だがきちんと考えてみようとすると、ほとんどなにひとつ知らない。

風景のなかの光

〈風景のなかの光〉。オーストリアの詩人フリーデリケ・マイレッカーは、さまざまな翳りをみせる、きわめて自伝的とおぼしい詩集に心象としてこのタイトルをつけた。ひとつひとつ重ねられる言葉の素材が心の内外の風景を描き出し生み出すなかで、詩行はくり返しその翳りを破り出て、輝く。

個人の抱くさまざまな風景。憧れ、人を喪った悲しみ、静けさ、歓喜、孤独、安心、醜さ、傲慢、誘惑などの心象や風景。私の記憶のなかでは、どれもがそれぞれに固有な光をおびている。

そもそも光なくして事物を想像できるだろうか?

谷崎潤一郎は陰翳を讃える。どの隅にも翳が身をひそめる伝統的日本家屋の深い暗がりに、蒔絵の金が燦めき、障子の細い桟に張られた半透明の紙がやわらかい光をひろげる。どこから来るのか判然としないまま、薄闇のなかで、日の光は物をとらえて美しく浮かびあがらせる。

谷崎潤一郎は陰翳を讃える。そして陰翳は光を讃える。

陰翳なき近代

私の記憶が正しければだが、私は光と風景を寿ぐ古典的モダニズムの建物をいくつも見たことがある。たとえばカリフォルニアにあるリチャード・ノイトラ設計の家々がそうだ。建築構成からすれば、そこでは陰翳はあまり大きな役割を果たしていないように思える。かわりに重視されているのは、明るさ、光、空気、眺望、風景のなかで暮らすという感情、風景が室内に流入するように、あるいは風景——光と陰翳のうつろいを含みこんだ風景——が室内を流れ抜けていくようにしたいという願望である。こうした家々で迎える日没の体験はまことに壮麗だ。日が暮れ、家が外光に照らされなくなると、固有の情感を宿した光の場が内部につくられる。人間の光である。

夜のロサンジェルス

ゆっくりと高度を下げていく飛行機から見下ろすと、ロサンジェルスの夜景は一幅の魔法の絵だ。その後、街に降り立ってみると、おなじ光が精彩を欠いた、病的なものに見える。不自然な明るさであって、その光のもとでは家々の前庭の緑の芝生や藪も、プラスチックの作り物じみて見える。

日没と日出のあいだ

日没と日出のあいだ、私たちはみずから作り出し灯した光を装備する。太陽の光とは較べるべくもない、ちらちらと明滅するその力といい、薄っぺらな影といい、あまりに脆弱で息切れしやすい光だ。

だが私たちが自身のために作ったこの光を、夜を駆逐するための腐心とみるのでなく、暗中の灯火、闇のアクセント、親密なもの、人間が作り出した闇のなかの光の在処《ありか》と考えてみるなら、その光は美しくなる。固有の魅力を存分に生かしたくなる。

日没と日出のあいだに、どんな灯りをともそう？　家の、都市の、風景のなにを照らそう？　どんなふうに、いつまで？

建築と風景

建築と風景というテーマについて、気にかかっていたいくつかの問題を考える機会を得たことをうれしく思う。私たちは自然の風景を目の当たりにしたとき、どんなことを感じるだろうか？ロマン主義の画家カスパー・ダーフィト・フリードリヒの絵画《海辺の僧侶》を見てみよう。美的な体験についての絵だ——ひとりの男が画家に対して背中を向けて立ち、大洋とその水平線を眺めている。画面のなかの男、そして画家が風景を見つめているのとおなじように、私もまたその風景を見つめ、描かれた水平線に眼を馳せて、その壮大さと広漠とを味わっている。一抹のメランコリーが漂っているが、そこにはどうやら、世界は私とは較べものにならぬほど涯てしなく大きいという想い、そして同時に、その世界に私は包まれ護られているのだという想いとが共振しているように思われる。

私と結ばれているとともに、私を超え出るなにか、という自然へのこの感覚とならんで、私は風景を故郷として体験してきた。空、匂い、光のぐあい、色、形——子どもの頃の自然の風景は私の血肉になっている。そこに戻れば家にいるような、くつろいだ心地になる。しかも風景は歴史を含みもつ。人はつねに風景のなかに住まい、風景のなかで働いてきた。また私たちが住まい、働くことによって、ときとして風景は害も受けてきた。良きにつけ悪しきにつけ、大地とつきあってきた私たちの歴史は、風景のなかに蓄積されているといっていい。そういう風景をして〈文化的景観〉と呼ぶのもそのためだろう。かくて風景は、それを見る私たちに自然の一部であるという感覚をもたらすほかに、歴史とのつながりの感覚をもたらす。

風景を前にしたときのこうした、誰しも憶えがあるふかぶかとした感情は、いったいどこから来るのだろう？　おそらくはそういう特別なおりに私たちは、自分たち人間が生きた自然の一部であり、自然からやってきて、自然のなかに還っていくのだ、と感得するのだろうと思う。自然の風景を体験することには、おそらくそうした超越的な思考を促すところがあるのだ。比するに、都市の体験においては、どちらかといえば此岸の事物が中心になり、人間が中心になる。都市は人の手によって成ったものなのだ。都市は人間を集め、交換を促す。都市において感じられるのは人間の空間である。都市には、おびただしい数の住居、仕事や礼拝、商業、政治、権力、娯楽のための空間が、あるものは私的で親密な空間として、あるものは公的な空間として、またあるものは眼に見えない存在として蝟集している。都市は密度を感じさせる。たとえばロンドンのような都市の密度。

エドガー・アラン・ポーの短篇「群衆の人」は、この都市の密度について、強烈な好奇心に駆られ、都市に心を奪われたひとりの遊歩者が、都市の活力、都市の生命、都市の秘密を求めて歩きつづけるさまを描いている。むろん、自然の風景とおなじように、都市もまた歴史を蓄積している。しかし都市と風景では体験のありようが異なるのだ。

都市と風景との違いは、私にとってはおそらく次のようなところにあるだろう。都市は私を刺激する、ないし興奮させる。私を大きく、あるいは小さくする、自意識を持たせ、誇りを持たせ、興味を抱かせ、わくわくさせ、いらだたせ、怒らせ、あるいは怖じ気づかせる。対するに自然の風景は、私がそこに向かって心を開きさえすれば、自由とやすらぎを与えてくれる。なぜなら、自然には都市とは異なる時間感覚があるからだ。風景において、時間は壮大である。一方都市では、空間同様、時間も凝縮されている。

風景とのつながりでもうひとつ私のロマン主義的なまなざしから思い浮かぶのが、美の概念だ。私の風景へのアプローチには農業からの視点はない。私は風景を生産手段として見るのでなく、とりわけ感覚的、美的に味わう。そのさい気づくのは、自然景観なのか、それとも人の手が加わったいわゆる文化的景観なのかによって、感じかたに違いがあることだ。たとえば高い山などの純粋な自然景観を味わっているとき、私は基本的にはつねに美しさを感じる。自然の風景がいかに厳しく、険しく、人を寄せつけず、不毛で、それどころか恐怖を引き起こすものであったとしても、醜悪だと感じることはない。イマヌエル・カントは「自然のなかでは神々しいものが私たちにじかに触れる」と言っている。登山家であった私の父はカントを読んだことはなかったが、まったくおなじことを言っていた。

ところが、私たちをふだん取り巻いているのは、人間の手により変容した風景である。幾世代にもわたり、配慮のあるやりくりをしながら、賢明に大地とつきあって生まれたこの文化的景観を思い浮かべてみると、人間の仕事と自然とが美しく調和しているという感じを受ける。ここで私の念頭にあるのは、アルプス地方の景観だけではない。たとえばロサンジェルスの近郊には何キロ四方にもわたって円形の灌漑設備がほどこされているが、この風景にも好感をおぼえる。運河、段丘化、開墾、伐採、植林など、大きく手を加えられた風景からも、強い美的な魅力を感じることがある。なぜなのだろうか。さきほどあげた〈人間と自然の調和〉という言葉は、使い古されているかもしれないが、その間の消息をはっきりと物語っている――人間の仕事が自然に、つまり大地や植物や動物に配慮したものになっているとき、私たちは人間がいかに大地に依存しているかを感じ、そして同時に、風景を眺めるときに美しいと感じる心の淵源がここにあることをうっすらと理解するのだ。

とはいえ、そうした伝統的な文化的景観とは別に、昨今の文化的景観のなかにはとうてい美しいと思えないものもある。おそらくそれは、建築物が独自の価値を示しておらず、風景との結びつきにも至っていないことと関係しているように思う。そのような種類の建築物は、風景を覆い、風景を消し去ってしまうだけのように思われるのだ。風景の喪失は私には耐え難いものがある。宅地造成は、私にとっては喪失——風景の喪失の謂である。

むろん、この点に関しては、理論的に異を唱えるべきなのかもしれない。なにしろ都市はそこから生まれるのだから。これは未来の都市の住居群の第一世代なのだ、辛抱が肝心だ、あと百年か二百年したら、この集塊もロサンジェルスのような魅力的な都市になっていくだろう、そして世界の大都市で教育を受けた若い建築家たちが、これらの新しい密集地でびっくりするような建築を生み出すだろう。すべてがはじめから美しいわけではないのだ……。と言いつつも、私にはこの中間の状態は、風景と都市とのあいだで考えうるもっとも不幸な状態と映る。なぜというに、宅地造成は風景を消滅させるからだ。風景が奪われるにつれて、美が損なわれていく、そのことが辛い。このプロセスが新しい都市の活力として感じられるようになったときにはじめて、自分の気持ちも落ち着くだろうとは思うが。

デザイナーとして風景に適切に対処しようとするなら、次の三点を考慮しなければならない。まず、風景をしっかりと見つめること。森や樹々、葉、草といった、生気に満ちた大地の表層を見つめること。そして見ているものに対して愛の心を育むこと。私たちは愛するものに害を加えることはないからだ。愛する相手にはあたうる限りやさしくしようとするからだ。第二は、いたわることである。私はこれを、土地を利用しつつ、同時に持続可能である伝統的農業から学んだ。伝統的農業には人間を養ってくれるものに対するいたわりがある。第三に、かけがえのない環境に組み入れる対象に対し、適切な寸法、適切な量、適切な大きさ、適切な形を見出そうと努めること。共鳴や調和、ないし緊張はそのようにして生まれる。風景を愛すること、心を込めて見つめることが、適切な寸法を見出すための前提であると思う。

だがその適切な寸法はどうすればわかるのだろう？　風景とそこにあらたに建てられる建物の関係がぎくしゃくしていたり、建築物が加わることで風景があらたな輝きを得ずに風景を消し去ってしまうだけだったりすれば、ただちに感じ取れる、と私は言いたい。なぜなら感じるとは、理屈ぬきの、なによりも感覚的な直覚を信頼することだからだ。それゆえにデザイナーとしての私は、おなじプロセスを毎回あらたにたどりなおさなければならない——精確に見る、愛する、いたわる、適切な寸法を見出す、計画している建物を脳裡でくり返し風景のなかに据えてみて、風景に受け入れられているかどうかを吟味する。その風景の寸法をいつでも感じていられるように努力する。理屈や理論ではない、心の眼で見つめることによってである。

さて終わりに、風景のなかに建物を建てるさいに私がとくに好み、熱を入れ、こだわっていることについてお話ししよう。まず惚れこむのは、土地と地勢にである。風景の流れかた、河川や地形の構造にいとおしさを感じる。腐植土の厚さを想像してみる。草原に硬いこぶを見つけると、その下に存在している大きな石を、そしてよく理解はできないがすばらしい感覚を伝えてくれるほかの万物を感じる。建物を設計する段には、この表面にいたわりの心を持つことをとても大事にしている。地形に変更を加えざるを得ない場合でも、あたかもそれが昔からそうであったかのように見えるようにしたい。

また、風景のなかに建物を建てるさいには、建築の素材が、歴史のなかで育まれてきた風土の実質《サブスタンス》に合ったものであることを重視する。建築の素材と風土の素材とが、共鳴し合っていなければならない。自分でも思うのだが、私は場所と素材と建造物の関わりに人一倍敏感だ。素材と建物は場所とつながっていなければならないし、ときにはそこに直接由来するものでなければならない。でなければ新しい建物を風景が受け入れないだろう。たとえば外壁で遮断し、合成物質の化粧塗りをした家が風景のなかに置かれていて、陽光を浴びたその表面があまりにもみすぼらしいのを眼にしたとき、私はほとんど身体的な苦痛をおぼえる。質の高さと真正さを達成するには、素材を吟味しなければならない。建物は風景のなかで美しく古びていかなければならないのだ。

地勢に触れる喜び、素材をかけあわせる喜びの次に来るのが、形態を見出す喜びである。私ははっきりした、明快な形態を好む。曖昧であやふやな構造にはたびたびお目にかかるけれども、自然の風景にはまったくそぐわない。醜悪な、愛情の注がれていない人工物は、風景のなかでまっさきに眼にとまる。だからこそ、風景のなかに建物を建てるときには、私は形のはっきりとしたものを選ぶ。自然な印象を与えるシンプルで明快な解剖学的構造と身体を設計することに努める。大きな介入は、誰が見てもすぐにわかるものでなければならない。

最後に、建築と風景の融合についていくつか思うことを。私はこれまで所を得た建物に何度も魅了されてきた。風景のなかに彫刻のごとくに建ち、まるでそこから生え出したかのように見える建物である。たとえばここ、南チロルのアイザック渓谷に沿って車を走らせると、心から喜びがこみあげてくる。それぞれが完結した美しい建物を、いたるところに見ることができるからだ。修道院、村落、城、ぽつんと草原にある小さな納屋。そうした大小のモニュメントの持つ鋭さ、高まりが好きだ。また巌の上の山城のように巨大なものであっても、それらは風景を壊すどころか、風景を寿いでいる。

だがどうしてそのような効果を上げているのかは、それらの建物の秘密というものなのだろう。それでも、気づいたことはいくつかある。風景と一体化している建物の多くはそもそも力強いか、少なくとも人目を惹くものである。ところが教会、城砦、山村といった大きなものが、山の風景のなかでは、比較的小さく見える。風景をしのがず、風景の壮大さをむしろ際立たせているのだ。私は現代においても、アルプス地方の適切な場所で、適切な内容を持った、風景と共鳴する大きな建築物を造ることは、じゅうぶん可能だと思っている。なるほど、そんなことを望み、かつまた可能にしうるデザイナーは稀だろう。デザイナーを信じて任せるような施主となればもっと稀だ。だがそれでも、そこへ至る道は明らかである——風景のなかにあらたな集中の場所を造り出そうと思うなら、つまりあらたな上下、あらたな左右、あらたな前後をもたらす場所、あらたなランドマークを造ろうと思うなら、私たちのなかの風景を見つめる眼を大きく育てなければならない。統合《ジンテーゼ》がうまくいくことはある——建物と風景が溶け合い、一体となって育ち、この世にひとつしかない場所となるのだ。そういう場所の放つアウラが、故郷をつくるのである。

ライス・ハウス

木の家に住むのが、かねてからのアンナリーザの夢だった。その話を私によくしたが、そのたびに、山中にあるこぢんまりした、ひとり住まいの家という印象を受けた。長年いっしょに暮らすうちにいろいろなヴァリエーションの描写を聞いたけれども、そこに私たち夫婦とか、子どものいる家族だとかが出てきたことはない。彼女が語っているのが、やすらぎについてのきわめて個人的な感情であることは明らかだった。木でできた、さまざまな色が塗られた部屋を思い描いていた。スイス高山松の香りのこと、居間の暖炉の火のパチパチいう音、このまえ話題になったような、木が人間の体に特別なぬくもりをくれるというような話もしていただろうか。もうしかとは憶えていないが、ただ私のなかに残っている印象は、彼女が物語る家には、どっしりした木材で建てられた家、つまり板とか角材とか合板とか薄板とかを組み合わせたのでない家だけが持つ独特のアウラがあるということだった。

いま、その家が建った。標高千五百メートル、黒味をおびた古い木造家屋が点在するライスの小さな村落に、明るい色を見せて建っている。その隣に同時にもう一軒、これより少し小ぶりの同様の家を建てて、おなじファミリーの二軒、ライス・ハウスとした。去年のライス村は、ひと夏じゅう大工の金槌の音が響いていたように思う。そこにときおり、農機のエンジン音や、はるか上の斜面で草を食んでいる山羊たちの鳴らす鈴の音や、ほど近い白い漆喰壁のヤーコプ礼拝堂から響く小鐘の明るい音が交じった。若い衆は足を大きく踏ん張り、集中を表情にあらわして――だが眼が合うとにっこり微笑んだが――壁の上に立ち、たいがいはふたり一組で、リズミカルに大ハンマーをふるった。大きく振り上げて打ち下ろすたびに、上の角材が沈み、その二本の溝に下の材の二本の実《さね》がしっかりと食いこんでいく、そしてすきまなく積み上がって、壁になる。

鉋《かんな》をかけた幅十一センチ、高さ二十センチ、最長六メートル六十センチの縦材が、一本一本積み上げられて、三階建ての壁になった。隅の仕口は、古来の優雅な蟻継ぎ。内部のレイアウトのために一方の壁をもう一方の壁の前に立てることができず、蟻継ぎができない箇所は、古典的なあられ組み。

壁・天井・屋根のそれぞれの角材、木製の窓枠、連結金具、スチールのダボ、特注の長いねじ、タイロッド、穴あき金属板、ワイヤーロープ――部品がすべて寸分の狂いなく加工されて、建築現場に運びこまれた。角材は運搬用にひとまとめにし、プラスチックのシートで包まれていた。人工乾燥させた製材を、内壁用は十四パーセント、外壁用は十七パーセントという、専門家が適切とする含水率に〈建方《たてかた》〉のときまで保っておくためだ。孔《あな》、溝、実、しゃくり、蟻、腰掛けが、あらかじめしかるべき材のしかるべき場所にほどこされている。二軒分およそ五千本の角材、ひとつとしておなじものはないと言っていいほど。建てるとは組むことであった。

角材は現場に運びこまれる前に、木工所においてコンピュータ制御の機械によって加工される。作業場のガラス窓から、機械によるよどみない加工作業を見学することができた。あらかじめ別の機械で四面に鉋をかけ、二重の実と二重の溝をほどこされた角材が、強力なローラーによって精確に固定されて、左から右方向へ運ばれ、人の身長ほどもある金属製の箱のなかに入っていく。鋸《のこぎり》、ドリル、フライスの刃が上下左右に動く。工具は鋭利、精確さは比類ない。

〈刻み《アップビンデン》〉とは古い大工用語で、現場に運ぶ前に下小屋で建材の下準備をすることをいう。〈刻み〉がすんだ材料が、現場で組み上げられて家になる。木工の技術者が、コンピュータ制御による加工機械に指示を入れる。そのためのデジタルデータは施工図による。私たち設計者が、設計の締めくくりにコンピュータの図面ソフトで作ったものだ。

ライスの木の家は、窓を大きくとった。幅は内壁から内壁まで、高さは床から天井まで。風景が、窓を額縁として、大きな絵画のように家のなかに取りこまれるようになっている。

伝統的なログハウスは四方の壁を基本的要素とし、四壁をひとまとまりとして立方体のユニットを形づくる構造になっているので、大窓が造れない。立方体の壁をごっそりくり抜くことになって、強度が失われるためだ。

平面図を見るとわかるが、ライス・ハウスには、形も大きさもさまざまな在来構造による小ぶりの立方体がいくつも配されていて、それぞれがユーティリティルーム、階段、食料庫、トイレ、風呂などの付属室になっている。それらの付属室は平面においてひとつひとつが独立したユニットであり、水平方向は天井板によってたがいに結ばれている。天井と付属室によって家の荷重を支える構造を造ったわけだ。そうして付属室と付属室のあいだの空間をガラス張りにすれば、大きなパノラマ窓ができあがる。向かい合わせのふたつの付属室の側壁の角材を外壁の外に突き出るまで伸ばし、そのあいだに床と天井の角材をわたして、外の景色を楽しめる広い張り出し部を造った。

このようにして、私たちはライス・ハウス建築の過程で、木の箱を造るという在来構造を活用したのだった。まずアルプス地方の農家で中心的な空間である〈居間〉〈小部屋〉の広さを縮小し、ユーティリティルームなどの付属室の空間とした。そしてこれらの付属室を、家を支える支柱として平面に独立させて配し、縦断面ではこれらを積み重ねて、階ごとに大きな集成材の天井板でつなげた。壁の端の露出部は、必要に応じてスチールピンかワイヤで束ねた。

こうして光と風景にあふれる家ができた。この設計なら、開きも閉じもするゆったりした空間のレイアウトが可能になる。家のなかを動くと眺望も変化する。くつろげ、身体に親しい木の存在が、すみずみまで感じ取れる。光を浴びた木材は、やわらかい絹のような光沢を放つ。

二軒の家はいまゆるやかに乾いていって、木材が縮みつつある。今後数年でおよそ二、三センチは高さを減じるだろう。しかし窓も扉も階段も、上下水道管もクロゼットも、いずれもあるべき位置にしっかりとおさまり、用意をととのえている――それらを支える木が、動きつづけていくことへの。

初出一覧

「物を見つめる」

講演原稿．1988年11月執筆．南カリフォルニア建築大学（SCI-ARC）（サンタモニカ，ロサンゼルス）にて．

「美しさの硬い芯」

講演原稿．1991年12月執筆．ピラン・シンポジウム（ピラン，スロヴェニア）にて．

「物への情熱」

講演原稿．1994年8月執筆．アルヴァー・アールト・シンポジウム「本質的なるものの建築」（ユヴァスキュラ，フィンランド）にて．

「建築の身体」

講演原稿．1996年10月執筆．シンポジウム「形は何に従うか」（ストックホルム）にて．

「建築を教える，建築を学ぶ」

1996年9月執筆．ルガーノ大学建築アカデミー（メンドリシオ，スイス）にて．

「美に形はあるか？」

1998年11月にチューリヒ工科大学建築学部にておこなわれた，「美《ヴェヌスタス》」をテーマとした講演の原稿にわずかに加筆．本稿に一部を引用したインガー・クリステンセンの詩「アルファベット」は，インガー・クリステンセン『大地に敬す化学詩　始めなく終わりなき選集』（ピーター・ウォーターハウス編，レジデンツ出版，1997年）に拠る．

「実在するものの魔術」

フェラーラ大学建築学名誉学位受賞記念講演．フェラーラ大学建築学部にて，2003年12月10日．

「風景のなかの光」

講演原稿．スイス・ナショナル・リサーチ・プロジェクト「光あれ《フィアト・ルクス》」の一環として．バー・ファレナ（キアッソ，スイス）にて，2004年8月13日．

「建築と風景」

講演記録．会議「風景のなかに建てる」（ボルツァーノ）にて，2005年2月25日．

「ライス・ハウス」

エッセイ．ディエゴ・ジョヴァノーリ『家を建てた』（マランス／クール，プロ・グリジョーニ・イタリアーノ出版，2009年）390-392頁に所収．

著者略歴

Peter Zumthor

1943年スイス，バーゼルに，家具職人の息子として生まれる．父の元で家具職人の修業後，バーゼルの工芸学校（Kunstgewerbeschule Basel）とニューヨークのプラット・インスティテュート（Pratt Institute）で建築とインダストリアルデザインを学ぶ．その後10年間，スイス，グラウビュンデン州で史跡保護の仕事に携わる．1979年よりハルデンシュタインにアトリエを構える．ハルデンシュタイン在住．

主要建築：ローマ遺跡発掘シェルター（*Protective Housing for Roman Archaeological Excavations*, Chur, Switzerland, 1986）；聖ベネディクト礼拝堂（*Sogn Benedetg Chapel*, Sumvitg, Switzerland, 1988）；グガルン・ハウス（*Gugalun House*, Versam, Switzerland, 1994）；テルメ・ヴァルス（*Therme Vals*, Switzerland, 1996）；ブレゲンツ美術館（*Kunsthaus Bregenz*, Austria, 1997）；スイス・サウンドボックス／ハノーバー万博2000・スイス・パビリオン（*Swiss Sound Box／Swiss Pavilion, Expo 2000,* Hanover, Germany, 2000）；コルンバ美術館（*Kolumba Art Museum*, Cologne, Germany, 2007）；ブルーダー・クラウス野外礼拝堂（*Bruder Klaus Field Chapel*, Wachendorf, Germany, 2007）；スタイルネーセ，魔女裁判の犠牲者たちのための記念館（*Steilneset, Memorial for the Victims of the Witch Trials in the Finnmark*, Vardø, Norway, 2011）；サーペンタイン・ギャラリー・パビリオン 2011（*Serpentine Gallery Pavilion*, London, England, 2011）

訳者略歴

鈴木仁子（すずき・ひとこ）

1956年岐阜県生まれ．名古屋大学文学部卒業．名古屋大学大学院文学研究科修士課程中退．椙山女学園大学教授．翻訳家．訳書に，クリューガー『生きつづける』（みすず書房），ケルナー『ブループリント』（講談社），ハントケ『私たちがたがいをなにも知らなかった時』（論創社），トゥルコウスキイ『まっくら，奇妙にしずか』（河出書房新社），ゼーバルト『アウステルリッツ』，ゼーバルト・コレクション『移民たち』他全6冊（白水社）など．

口絵写真：Saint Benedict Chapel, 2000; Saint Benedict Chapel, 2000; Kunsthaus Bregenz, 2000

ペーター・ツムトア
建築を考える

鈴木仁子訳

2012年5月18日　第1刷発行
2025年5月15日　第12刷発行

発行所　株式会社 みすず書房
〒113-0033　東京都文京区本郷2丁目20-7
電話　03-3814-0131（営業）
03-3815-9181（編集）
www.msz.co.jp

印刷所　精興社
製本所　松岳社
製函所　冨士紙器製作所

写真　杉本博司

ブックデザイン　葛西薫

Printed in Japan　ISBN 978-4-622-07655-1
［けんちくをかんがえる］